ATLAS ROUTIER

France

1:1 000 000 - 1 cm = 10 km

GW00514921

Index des localités

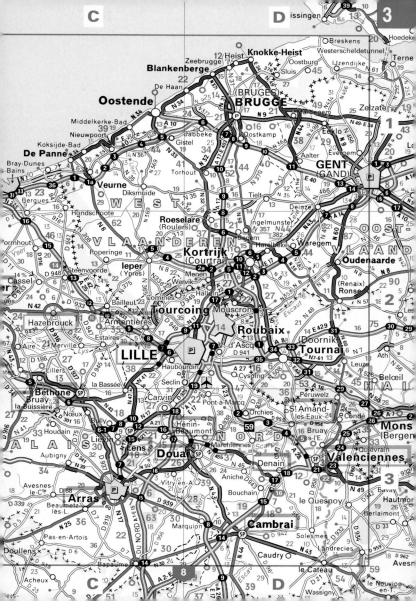

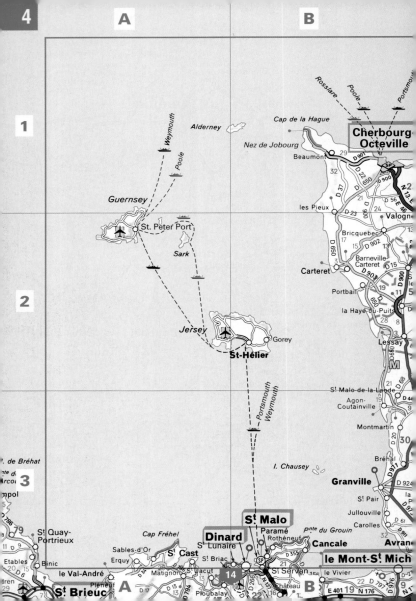

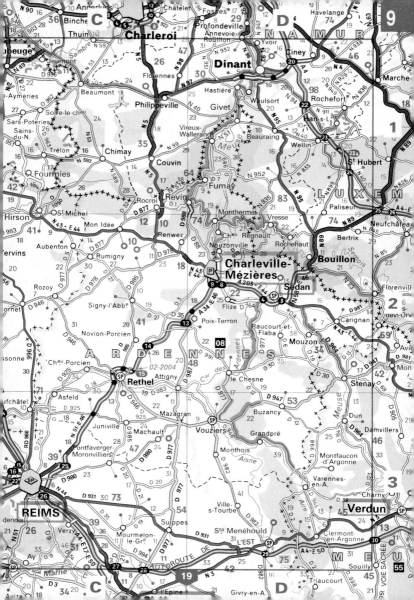

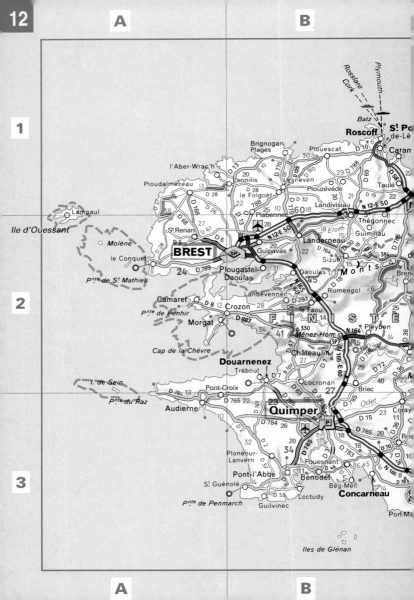

A

B

1

2

3

Rosslare
Cork
Plymouth

Batz

Roscoff **St Po**
de-Lé

Caran

Brignogan
Plages
Plouescat
30
Taulé

l'Aber-Wrac'h
D 13
D 770
D 69
D 58

Lannilis
Lesneven
D 10

Ploudalmézeau
13
le Folgoët
Plouzévédé
21
D 19
22

D 28
788
25 10
Landivisiau
N 12-E 50

D 168
Plabennec
160 18

Lampaul
D 68
27
N 12-E 50
Thégonnec
D 796

Ile d'Ouessant
St Renan
D 67
Elorn
15
Guimiliau
384

Molène
BREST
Guipavas
Landerneau
D 30

le Conquet
Sizun
D 764
15

Pnte de St Mathieu
24
D 789
Plougastel-
Daoulas
31
Daoulas
Monts
Bren

Camaret
D 8
Crozon
28
le Faou
45
Rumengol
26

Pnte de Penhir
18 12
D 791
F I N I S T È

Morgat
D 887
34
41
Ménez-Hom
330
N 164
Pleyben
D 36

Cap de la Chèvre
Châteaulin
Aune
N 165-E 60
29

I. de Sein
Douarnenez
Tréboul
D 107
Locronan
27
Briec
40

Pnte du Raz
D 784
13
Pont-Croix
D 7
D 63
Odet
D 15
Coray
11

Audierne
D 765
22
23
Quimper
D 765
20
Ro

10
D 784
26
18
18
D 70
7

Plonéour-
Lanvern
20
34
D 785
15
D 783
N 165
6

Pont-l'Abbé
Fouesnant
D 44

St Guénolé
Bénodet
16-5
D 783

Pnte de Penmarch
D 53
Loctudy
Beg-Meil
Concarneau
14
Port-Ma

Guilvinec

Iles de Glénan

A

B

C   D

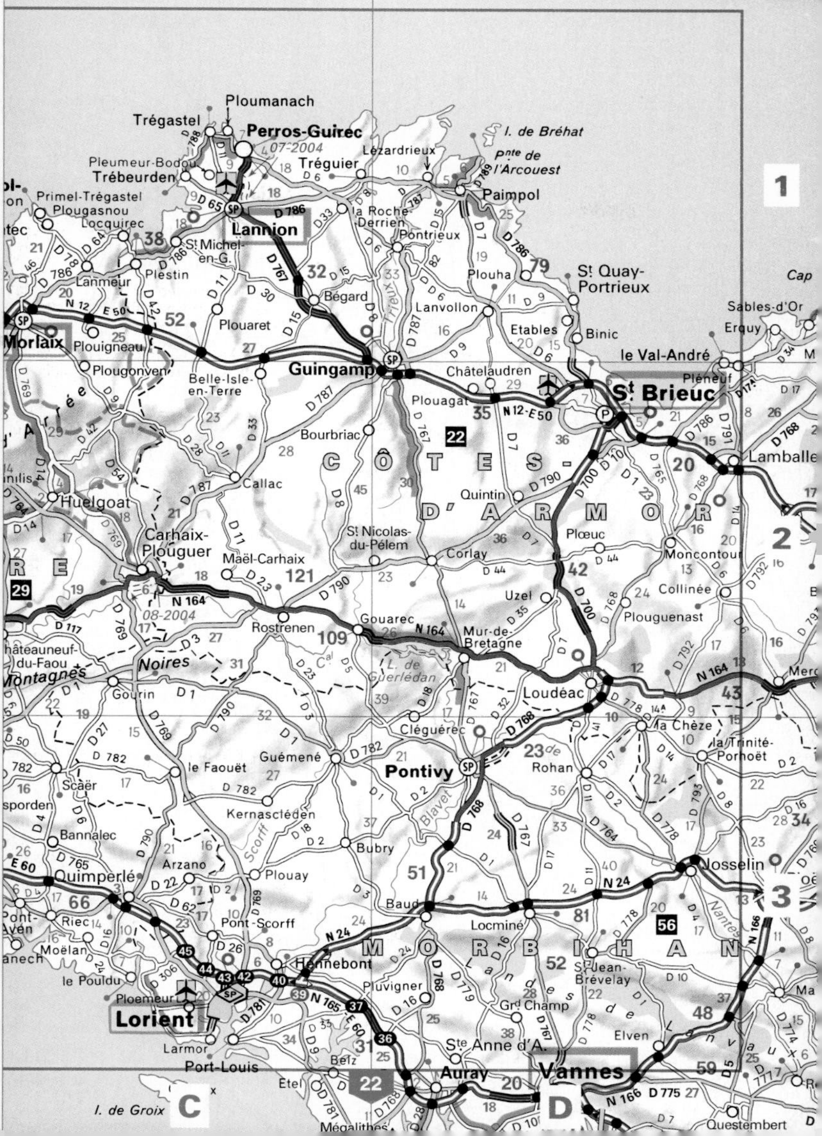

1

Ploumanac'h
Trégastel
Perros-Guirec
L 07-2004
Pleumeur-Bodou
Trébeurden
Tréguier
Lézardrieux
I. de Bréhat
pte de
l'Arcouest
Primel-Trégastel
Plougasnou
Locquirec
La Roche
Derrien
Paimpol
D 65
SP
D 786
St Michel-
en-G.
Lannion
Pontrieux
Plouha
St Quay-
Portrieux
Cap
38
Lanmeur
Plestin
D 767
32
Bégard
D 786
Sables-d'Or
Erquy
Morlaix
SP
52
Plouaret
Guingamp
SP
Châtelaudren
Lanvollon
Etables
Binic
le Val-André
Plouigneau
Plougonven
Belle-Isle-
en-Terre
Plouagat
35
N 12-E 50
St Brieuc
P
Pléneuf
Lamballe
Huelgoat
Bourbriac
22
Callac
C Ô T E S -
Quintin
Plœuc
D'A R M O R
Moncontour
Collinée
Carhaix-
Plouguer
Maël-Carhaix
121
St Nicolas-
du-Pélem
Corlay
42
Plouguenast
29
N 164
08-2004
D 790
Uzel
Noires
Rostrenen
109
Gouarec
N 164
Mur-de-
Bretagne
Loudéac
43
Merc
Montagnes
Gourin
L. de
Guerlédan
Cléguérec
D 768
la Chèze
la Trinité-
Porhoët
782
le Faouët
Guémené
Pontivy
SP
23
Rohan
Scaër
17
Kernascléden
N 24
Bannalec
Arzano
Plouay
Bubry
51
Baud
Locminé
81
Josselin
56
Quimperlé
66
Riec
Pont-Scorff
N 24
Hennebont
M O R B I H A N
52
St Jean-
Brévelay
48
Moëlan
45
44
43
42
40
39
N 165
37
Pluvigner
Grd Champ
Elven
le Pouldu
Lorient
SP
Ste Anne d'A.
Vannes
59
Ploemeur
Larmor
Port-Louis
Bélz
31
36
22
Auray
20
N 166
D 775
Questembert
I. de Groix
C
Étel
D
Mégalithes

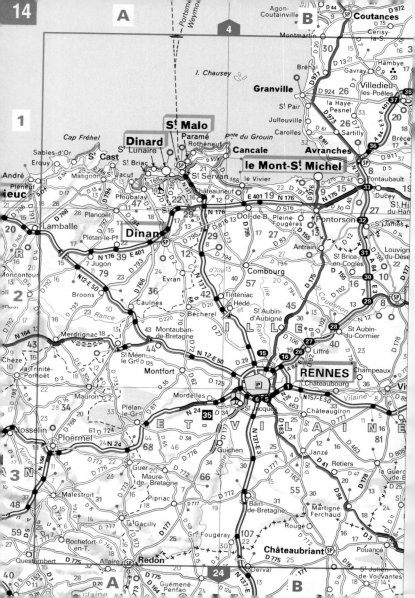

CALVADOS

Canisy · D13 · Torigni · D13 · 42 · 43 · 44 · Évrecy · D41 · Mouli · Canon · 25
02.2004 · 11-110 · Tessy · A 84 · E 401 · Aunay · 5 · Thury-Harcourt · N 158 · 36 · St Pierre-s-D.
Percy · 39 · 40 · le Bény-Bocage · 61 · Potigny · D 511 · Livarot
D 13 · 52 · 365 · Clécy · Orne · D 511 · Falaise · Vimoutiers
28 · 30 · Vire · D 512 · Vassy · Condé-s-Noireau · Pont-d'Ouilly · D 63 · Trun · D 916 · D 979
St Sever · D 577 · D 524 · Tinchebray · Flers · D 909 · 23 · D 916 · Exmes
St Pois · D 977 · D 577 · 31 · Messei · Putanges · Écouché · Argentan · 61 · Nonant-le-Pin · 34
Sourdeval · D 25 · 21 · D 924 · 44 · Briouze · D 909 · Mortrée · N 158 · Sées · D 438
Juvigny-le-T · D 157 · Mortain · 39 · 24 · D 962 · D 18 · la Ferté-Macé · D 908 · D 402
Barenton · Domfront · D 908 · Bagnoles-de-l'Orne · Carrouges · 26 · D 908
le Teilleul · D 907 · N 176 · Juvigny-s/s-A · Couptrain · D 909 · 26 · N 12 · Alençon · 19
Landivy · 39 · Passais · 23 · Lassay · Pré-en-Pail · Mt des Avaloirs · P · 25
Ambrières-les-Vallées · 35 · D 33 · Javron · N 12 · D 113 · Villaines-la-Juhel · D 118
Gorron · D 33 · D 23 · D 34 · Bais · D 20 · Freshay-s-S · Beaumont-s-S
Fougères · N 12 · D 107 · Ernée · 44 · Mayenne · D 35 · Sillé-le-Guillaume · 74 · 51 · 21
MAYENNE · Chailland · 53 · Montsûrs · Évron · Ste Suzanne · Conlie · D 304 · Ballon
Argentré-du-Plessis · A 81 · E 50 · Laval · P · D 21 · Vaiges · St Denis-d'Orques · N 157 · A 81 · E 50 · LE MANS · P
Loiron · N 171 · Cossé-le-Vivien · Meslay · 55 · 69 · Loué · Brûlon · A 11 · E 501
Aignan-Roé · Craon · Château-Gontier · Grez-en-Bouère · Sablé · Solesmes · la Suze · 42 · 72
Renazé · D 22 · Bierné · D 306 · D 8 · Malicorne · Écommoy
Segré · D 923 · 78 · Sarthe · Châteauneuf · 13 · N 23 · Pontvallain · Maye
127 · 25 · Tierce · D 306

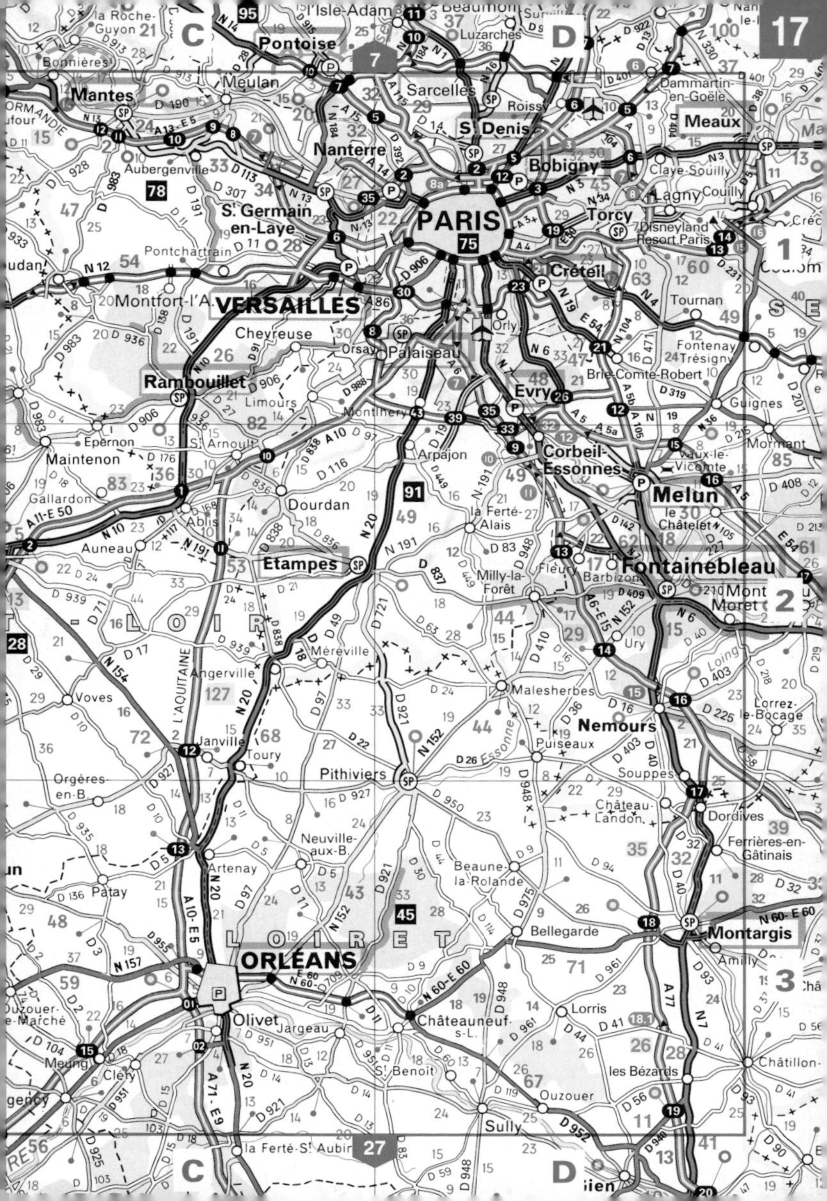

PARIS
75

VERSAILLES

Pontoise
7
Meulan
Nanterre
S. Germain-en-Laye
78
Mantes
Pontchartrain
Montfort-l'A
Chevreuse
Orsay
Palaiseau
Rambouillet
Limours
Maintenon
Épernon
Gallardon
Auneau
Dourdan
Étampes
Méréville
Angerville
Janville
Toury
Voves
Orgères-en-B.
Artenay
Neuville-aux-B.
Patay
ORLÉANS
Olivet
Jargeau
Cléry
S. Benoit
la Ferté S. Aubin
Ouzouer
Sully
Châteauneuf-s-L.
Lorris
les Bézards
Châtillon
Montargis
Amilly
Bellegarde
Beaune-la-Rolande
Pithiviers
Puiseaux
Nemours
Souppes
Château-Landon
Dordives
Ferrières-en-Gâtinais
Malesherbes
Ury
Moret
Fontainebleau
Barbizon
Melun
Châtelet
Corbeil-Essonnes
Milly-la-Forêt
la Ferté-Alais
Arpajon
Montlhéry
Évry
Brie-Comte-Robert
Guignes
Mormant
Vaux-le-Vicomte
Tournan
Fontenay-Trésigny
Créteil
Orly
Torcy
Disneyland Resort Paris
Bobigny
S. Denis
Sarcelles
Roissy
Meaux
Dammartin-en-Goële
Claye-Souilly
Lagny
Coulommiers
Luzarches
Beaumont
l'Isle-Adam
la Roche-Guyon
Bonnières
Aubergenville
S. Arnoult
Abis
Maule

N 12
N 20
N 191
A 10-E 5
A 71-E 9
A 77
N 60-E 60
N 7

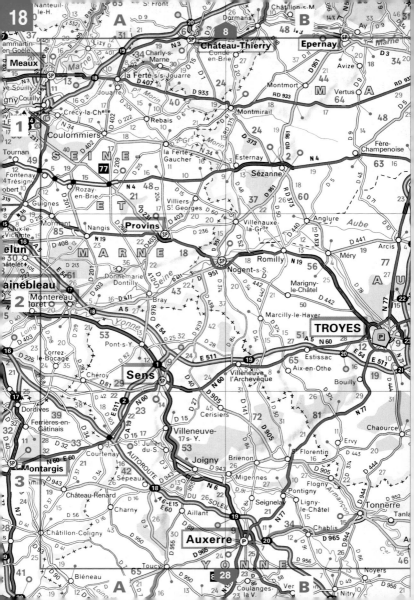

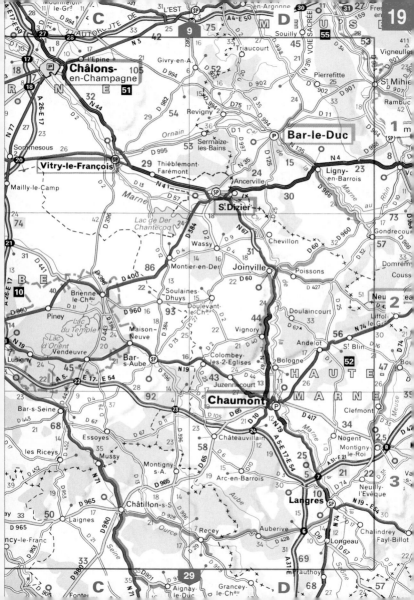

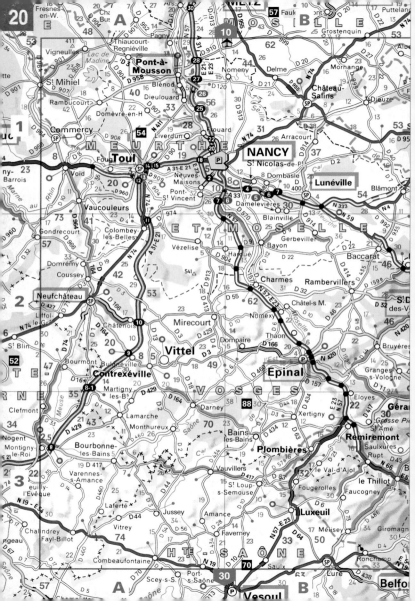

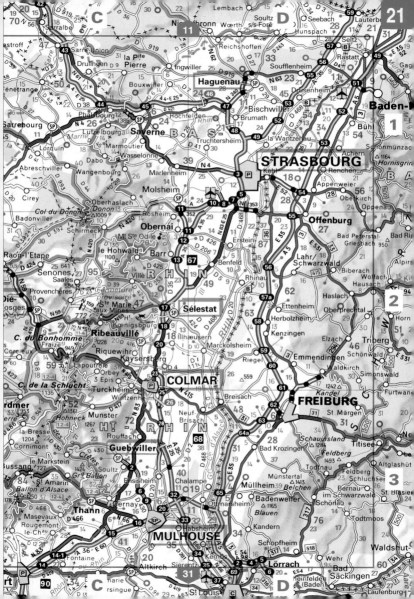

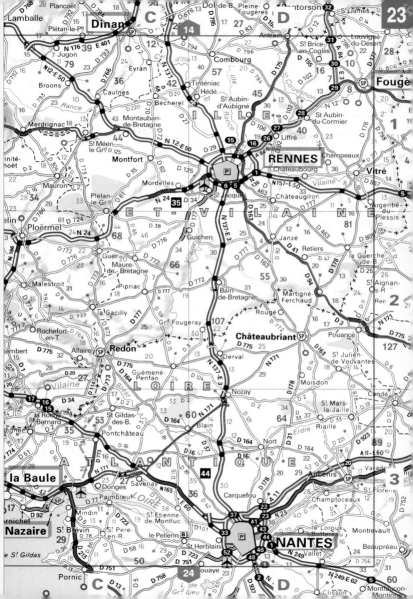

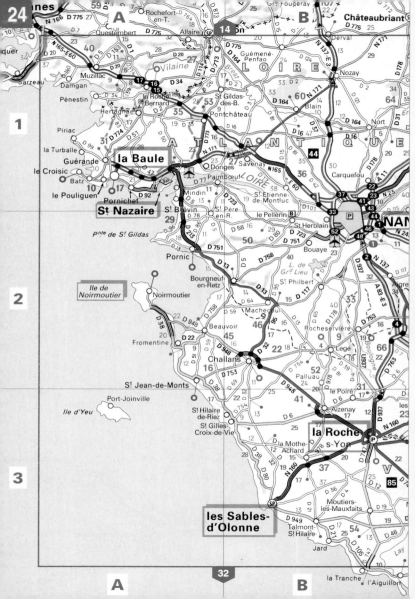

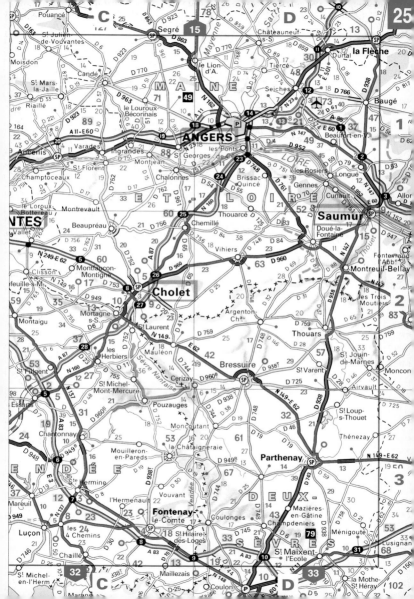

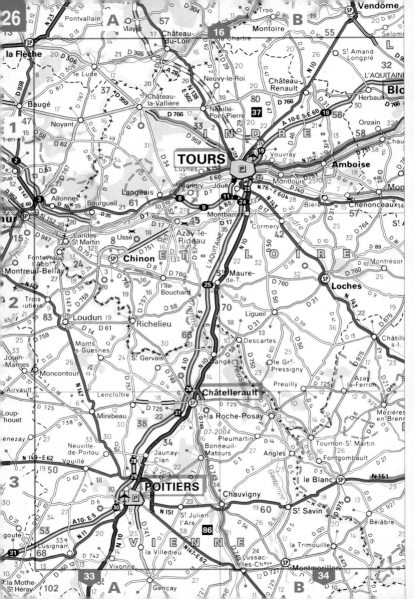

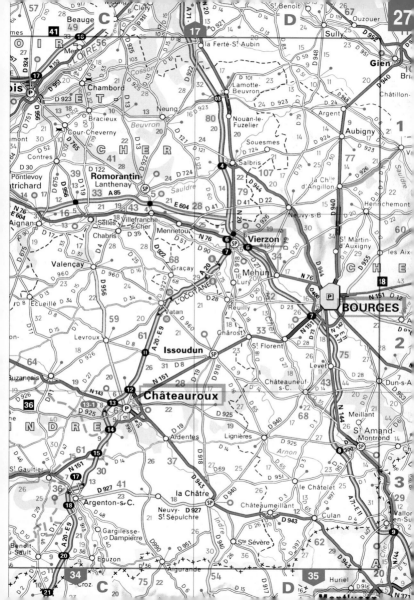

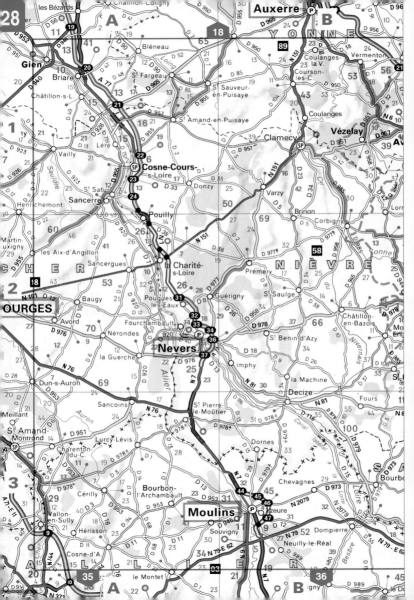

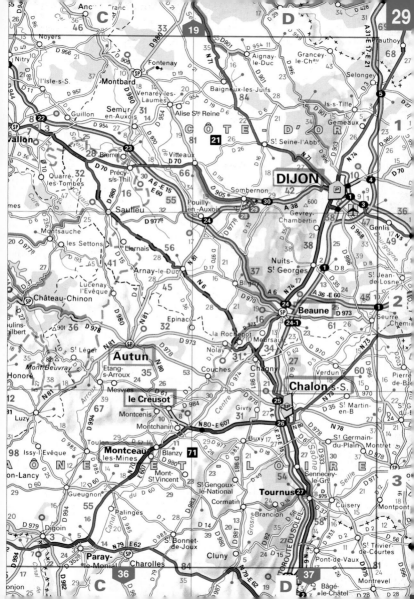

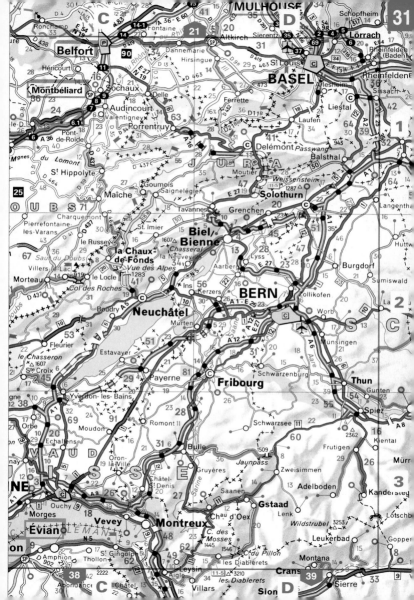

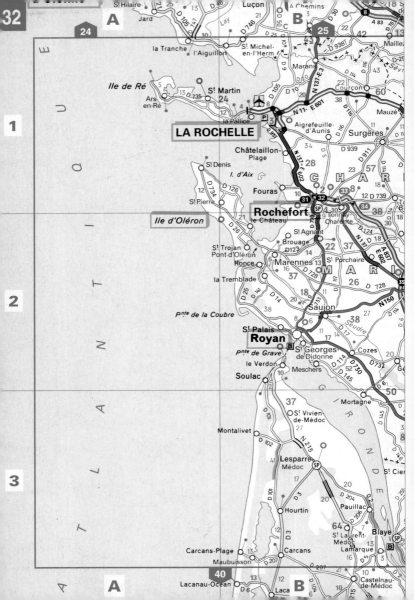

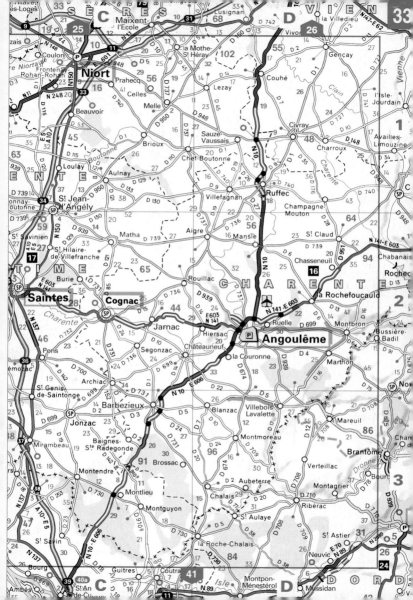

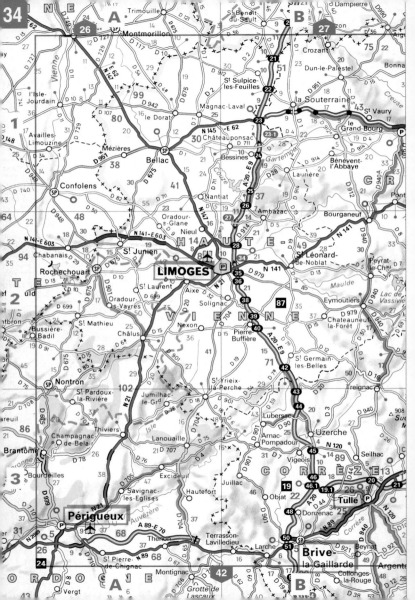

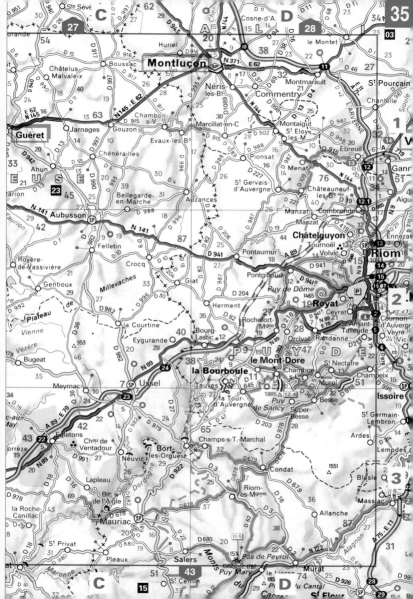

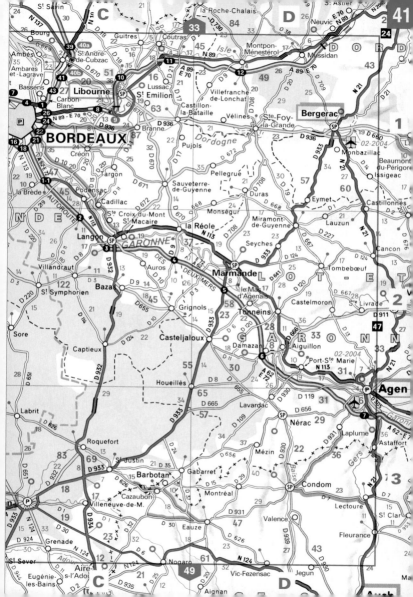

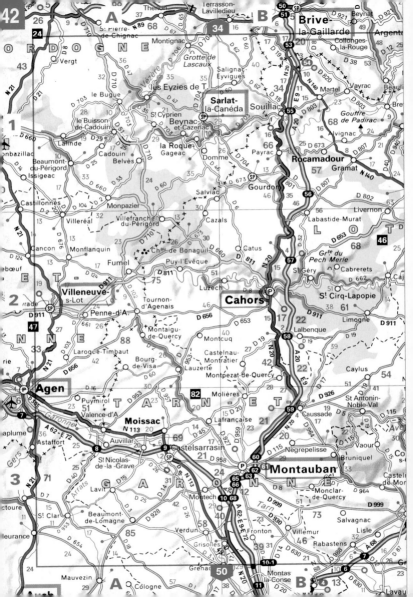

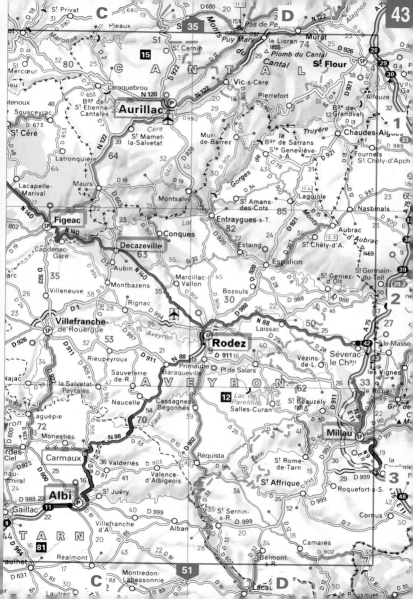

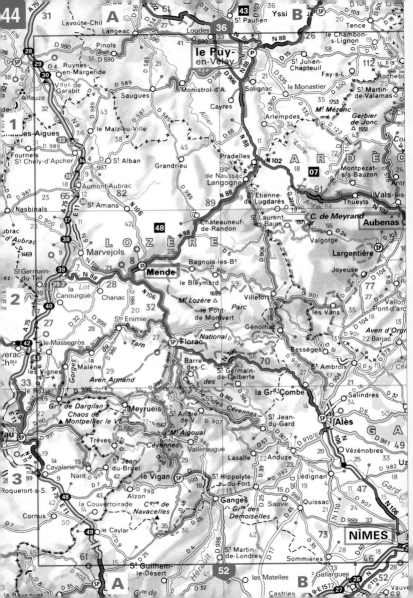

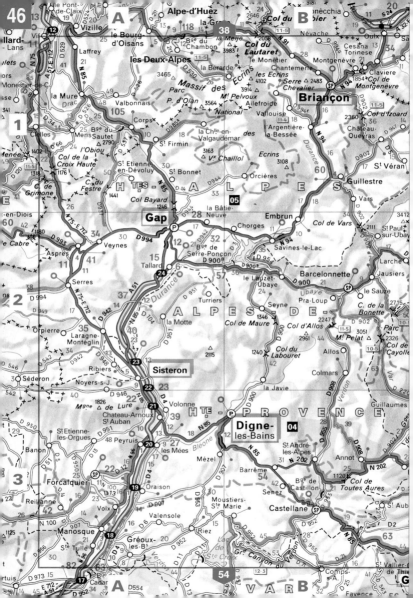

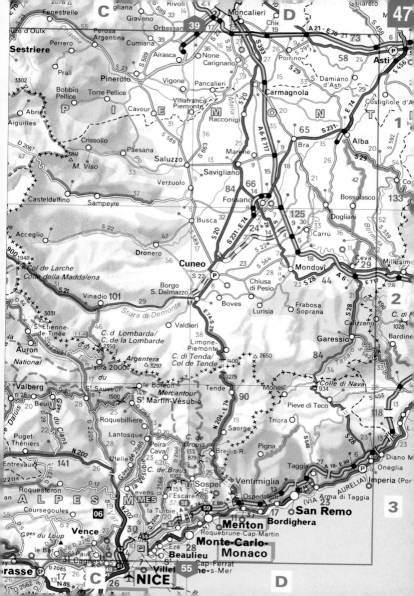

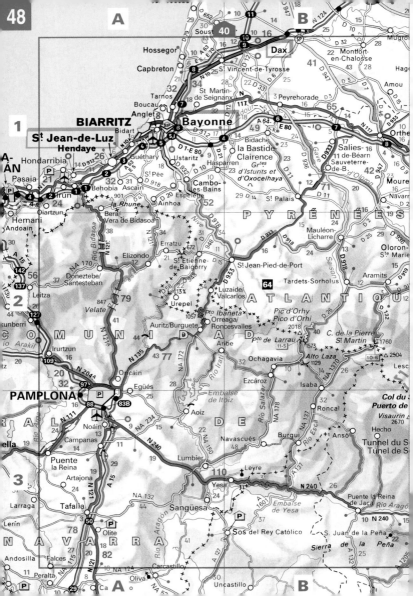

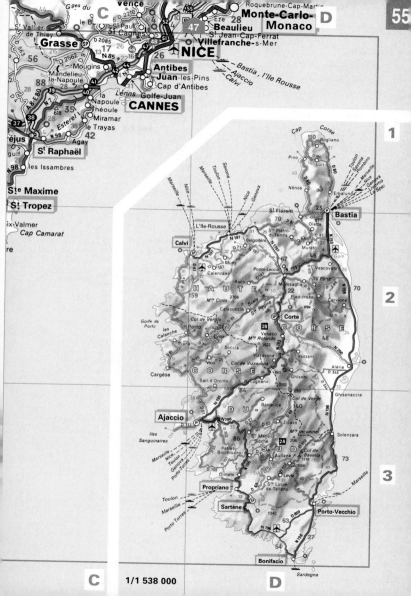

Distance table — French cities

	Amiens	Angers	Bayonne	Besançon	Bordeaux	Brest	Caen	Calais	Cherbourg	Clermont-Ferrand	Dijon	Grenoble	Le Havre	Lille	Limoges	Lyon	Le
	431																
	901	528															
	504	619	897														
	716	343	183	695													
	619	379	811	962	624												
	245	249	765	636	578	378											
	161	513	1056	606	870	718	339										
	368	304	832	759	645	401	126	467									
	556	460	553	342	366	804	598	712	722								
	458	523	833	91	646	868	546	574	669	280							
	714	740	826	293	661	1123	801	860	925	297	300						
	183	301	817	598	630	466	91	278	214	562	505	759					
	123	519	989	539	803	727	352	114	475	644	790	292					
	528	260	409	494	223	608	460	684	585	217	433	513	533	617			
	605	574	723	225	536	1014	692	750	815	172	191	105	655	683	388		
	343	97	612	572	426	·402	159	423	284	402	479	682	207	432	295	625	
	916	918	700	536	647	1266	1004	1062	1127	475	502	274	966	995	609	314	861
	359	617	1088	263	901	919	573	462	696	546	269	564	536	370	714	456	529
	886	689	537	528	484	1103	928	1053	1051	339	494	300	891	986	432	305	732
	548	730	1020	130	834	1031	710	651	833	468	218	428	672	619	619	371	641
	379	589	1079	204	892	891	556	481	679	493	216	512	519	425	659	404	501
	518	88	509	747	323	298	295	598	316	548	654	827	382	607	306	661	184
	1073	1076	857	694	804	1424	1161	1219	1284	633	660	335	1124	1152	767	471	1018
	269	219	644	395	458	552	311	425	434	297	302	556	274	358	268	448	143
	142	294	765	405	579	596	236	290	359	420	311	566	198	223	391	458	206
	986	748	498	671	446	1065	948	1142	1089	438	637	444	990	1074	491	448	784
	173	431	901	334	715	732	386	275	510	511	301	596	349	208	527	488	342
	432	129	624	714	437	246	191	531	212	556	620	875	277	573	389	766	154
	122	294	801	534	614	499	124	216	247	498	440	695	87	228	469	587	205
	663	590	698	284	511	934	751	809	874	147	249	154	713	742	363	61	532
	519	776	1247	249	1061	1078	732	621	855	587	337	538	695	530	738	489	688
	981	983	764	601	712	1331	1068	1126	1191	540	567	329	1031	1059	674	378	925
	814	546	299	758	244	863	746	970	887	374	724	530	819	903	289	535	582
	375	108	532	514	346	492	249	530	374	333	420	613	297	463	209	447	85

DISTANCES ENTRE PRINCIPALES VILLES

Les distances sont comptées à partir du centre-ville et par la route la plus pratique, c'est-à-dire celle qui offre les meilleures conditions de roulage, mais qui n'est pas nécessairement la plus courte.

Marseille - Strasbourg **801 km**

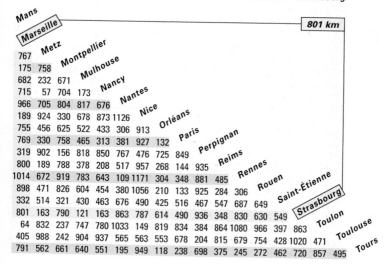

```
Mans
  Marseille
767   Metz
175  758   Montpellier
682  232  671   Mulhouse
715   57  704  173   Nancy
966  705  804  817  676   Nantes
189  924  330  678  873 1126   Nice
755  456  625  522  433  306  913   Orléans
769  330  758  465  313  381  927  132   Paris
319  902  156  818  850  767  476  725  849   Perpignan
800  189  788  378  208  517  957  268  144  935   Reims
1014 672  919  783  643  109 1171  304  348  881  485   Rennes
898  471  826  604  454  380 1056  210  133  925  284  306   Rouen
332  514  321  430  463  676  490  425  516  467  547  687  649   Saint-Étienne
801  163  790  121  163  863  787  490  936  348  830  630  549   Strasbourg
 64  832  237  747  780 1033  149  819  834  384  864 1080  966  397  863   Toulon
405  988  242  904  937  565  563  553  678  204  815  679  754  428 1020  471   Toulouse
791  562  661  640  551  195  949  118  238  698  375  245  272  462  720  857  495   Tours
```

RÉPERTOIRE DES NOMS DE LIEUX

12 B2 : Renvoi à la page de l'atlas et coordonnées de carroyage

A

Abbeville 2 B3
L'Aber-Wrac'h 12 A1
Ablis 17 C2
Abondance 38 B1
Abreschviller 21 C1
Les Abrets 37 D2
Abriès 47 C1
Accous 49 C2
Acheux-en-Amiénois 7 D1
Agay 55 C1
Agde 52 A3
Agen 41 D3
Agon-Coutainville 4 B3
Ahun 35 C1
L'Aigle 16 A1
Aigle (Barrage de l') 35 C3
Aignan 49 D1
Aignay-le-Duc 29 D1
Aigoual (Mont) 44 A3
Aigre 33 D2
Aigrefeuille-d'Aunis 32 B1
Aigrefeuille-sur-Maine 24 B2
Aiguebelette-le-Lac 38 A2
Aiguebelle 38 A2
Aigueperse 36 A1
Aigues-Mortes 52 B2
Aiguilles 46 B1
Aiguillon 41 D2
L'Aiguillon-sur-Mer 32 B1
Aigurande 27 C3
Ailefroide 46 B1
Aillant-sur-Tholon 18 A3
Ailly-le-Haut-Clocher 7 D1
Ailly-sur-Noye 7 D2
Aimargues 52 B2
Aime 38 B2
Ainhoa 48 A1
Airaines 7 D1
Aire-sur-la-Lys 3 C2
Aire-sur-l'Adour 49 C1
Airvault 25 D3
Aix (Ile d') 32 B1
Les Aix-d'Angillon 28 A2
Aix-en-Othe 18 B2

Aix-en-Provence 54 A1
Aix-les-Bains 38 A2
Aixe-sur-Vienne 34 A2
Aizenay 24 B3
Ajaccio 55 D2
Alban 43 C3
Albens 38 A2
Albert 8 A1
Albertville 38 B2
Albestroff 20 B1
Albi 43 C3
Alby-sur-Chéran 38 A2
Alençon 15 D2
Aléria 55 D2
Alès 44 B3
Alise-Ste-Reine 29 C1
Allaire 23 C2
Allanche 35 D3
Allègre 36 A3
Alleuze 43 D1
Allevard 38 A3
Allonnes 26 A1
Allos 46 B2
Allos (Col d') 46 B2
Alpe-d'Huez 38 A3
Altkirch 31 D1
Alvignac 42 B1
Alzon 44 A3
Alzonne 51 C2
Amance 20 A3
Amancey 30 B2
Ambarès-et-Lagrave 41 C1
Ambazac 34 B2
Ambérieu-en-Bugey 37 D1
Ambert 36 A2
Ambès 41 C1
Ambierle 36 B1
Amboise 26 B1
Ambrières-les-Vallées 15 C2
Amélie-les-Bains-Palalda 51 D3
Amiens 7 D2
Amilly 17 D3
Amou 48 B1
Amphion-les-Bains 31 C3
Amplepuis 36 B1
Ancenis 23 D3

Ancerville 19 D1
Ancy-le-Franc 19 C3
Andelot 19 D2
Les Andelys 7 C3
Andernos-les-Bains 40 B1
Andrézieux-Bouthéon 36 B2
Anduze 44 B3
Anet 16 B1
Angers 25 D1
Angerville 17 C2
Anglès 51 D1
Angles-sur-l'Anglin 26 B3
Anglet 48 A1
Anglure 18 B2
Angoulême 33 D2
Aniane 52 A2
Aniche 3 D3
Anizy-le-Château 8 B2
Annecy 38 A2
Annemasse 38 A1
Annonay 37 C3
Annot 46 B3
Anse 37 C2
Antibes 55 C1
Antibes (Cap d') 55 C1
Antraigues-sur-Volane 44 B1
Antrain 14 B2
Anzy-le-Duc 36 B1
Apt 45 D3
Aramits 48 B2
Aravis (Col des) 38 B2
Arbois 30 A2
L'Arbresle 37 C2
Arc-en-Barrois 19 D3
Arcachon 40 B1
Archiac 33 C2
Arcis-sur-Aube 18 B2
L'Arcouest (Pointe de) 13 D1
Les Arcs (Savoie) 54 B1
Les Arcs (Var) 54 B1
Ardentes 27 C3
Ardes 35 D3
Ardres 2 B1
Arès 40 B1
Ares (Col des) 50 A2
Argelès-Gazost 49 C2

Argelès-sur-Mer.................... 57 D3
Argent-sur-Sauldre............. 27 D1
Argentan............................. 15 D1
Argentat.............................. 43 C1
Argentière........................... 38 B1
L'Argentière-la-Bessée....... 46 D1
Argenton-Château 25 D2
Argenton-sur-Creuse........... 27 C3
Argentré-du-Plessis 14 B3
Argueil 7 C2
Arinthod 30 A3
Arlanc 36 A3
Arlempdes........................... 44 B1
Arles 53 C2
Arles-sur-Tech.................... 57 C3
Armentières 3 C2
Arnac-Pompadour 34 B3
Arnay-le-Duc 29 C2
Arpajon 17 D2
Arques 2 B2
Arques-la-Bataille 6 B2
Arracourt............................ 20 B1
Arras 3 C3
Arreau 49 D2
Arrens-Marsous................. 49 C2
Arromanches-les-Bains 5 D2
Ars-en-Ré........................... 32 A1
Ars-sur-Moselle 10 B3
Arsy 8 A3
Artenay............................... 17 C3
Arudy 49 C2
Arzacq-Arraziguet 49 C1
Arzano 13 C3
Ascain 48 A1
Asco 55 D2
Asfeld................................... 9 C3
Aspet 50 A2
Aspin (Col d') 49 D2
Astaffort.............................. 41 D3
Attigny 9 C2
Aubagne 54 A2
Aubenas.............................. 44 B2
Aubenton.............................. 9 C2
Aubergenville...................... 17 C1
Auberive 19 D3
Aubeterre-sur-Dronne........ 33 D3
Aubigny-sur-Nère............... 27 D1
Aubin 43 C2
Aubisque (Col d') 49 C2
Aubrac 43 D3
Aubusson 35 C2
Auch 50 A1

Audenge 40 B1
Audeux 30 B1
Audierne 12 A3
Audincourt........................... 31 C1
Audruicq............................... 2 B2
Audun-le-Roman 10 A3
Audun-le-Tiche 10 A2
Aullène 55 D3
Aulnay 33 C1
Aulnoye-Aymeries................ 8 B1
Ault 7 C1
Aulus-les-Bains.................. 50 B3
Aumale 7 C2
Aumetz 10 A3
Aumont-Aubrac 44 A1
Aunay-sur-Odon 5 D3
Auneau 17 C2
Auneuil 7 D3
Aups 54 B1
Auray 22 B2
Aurec-sur-Loire.................. 36 B3
Aurignac 50 A2
Aurillac 43 C1
Auron 47 C2
Auros 41 C2
Auterive 50 B1
Authon-du-Perche 16 B2
Autrans............................... 37 D3
Autrey-lès-Gray.................. 30 A1
Autun 29 C2
Auvillar 42 A3
Auxerre 18 B3
Auxi-le-Château 2 B3
Auxonne 30 A2
Auzances 35 C1
Auzon 36 A3
Availles-Limouzine 34 A1
Avallon 29 C1
Aven Armand 44 A2
Avesnes-le-Comte 3 C3
Avesnes-sur-Helpe 8 B1
Avignon 45 C3
Avioth 10 A2
Avize 18 B1
Avord 28 A2
Avoriaz 38 B1
Avranches 5 C3
Ax-les-Thermes.................. 51 C3
Axat 51 C3
Ay 9 C3
Azay-le-Ferron.................... 26 B2
Azay-le-Rideau 26 A2

B

Baccarat.............................. 20 B2
Bacqueville-en-Caux........... 6 B2
Badonviller 21 C2
Bâgé-le-Châtel.................... 37 C1
Bagnères-de-Bigorre 49 D2
Bagnères-de-Luchon........... 49 D3
Bagnoles-de-l'Orne............ 15 D2
Bagnols-les-Bains.............. 44 A2
Bagnols-sur-Cèze............... 45 C3
Baignes-Ste-Radegonde ... 33 C3
Baigneux-les-Juifs.............. 29 D1
Bailleul 3 C2
Bain-de-Bretagne............... 14 B3
Bains-les-Bains 20 B3
Bais 15 D2
Balaruc-les-Bains 52 B2
Balbigny 36 B2
Balleroy 5 C2
Ballon 16 A2
Ballon d'Alsace 21 C3
Bandol 54 A2
Bannalec 13 C3
Banon 46 A3
Banyuls-sur-Mer................. 57 D3
Bapaume 3 C3
Bar-le-Duc 19 D1
Bar-sur-Aube...................... 19 C2
Le Bar-sur-Loup................. 47 C3
Bar-sur-Seine 19 C3
Baraqueville 43 C2
Barbazan............................ 50 A2
Barbezieux.......................... 33 C3
Barbizon.............................. 17 D2
Barbotan-les-Thermes........ 41 C3
Barcelonnette...................... 46 B2
Barèges 49 D2
Barentin 6 B2
Barenton 15 C1
Barfleur 5 C1
Barfleur (Pointe de)............. 5 C1
Barjac 44 B2
Barjols................................. 54 A1
Barneville-Carteret.............. 4 B2
Barr 21 C2
Barre-des-Cévennes 44 A2
Barrème 46 B3
La Barthe-de-Neste 49 D2
Bas-en-Basset 36 B3
La Bassée 3 C3
Bassens 41 C1

Bastelica	55	D3
Bastia	55	D1
La Bastide-Clairence	48	B1
La Bastide-de-Sérou	50	B2
Bataille (Col de la)	45	D1
La Bâtie-Neuve	46	A2
Batz (Ile de)	12	B1
Batz-sur-Mer	22	B3
Baud	13	D3
Baugé	25	D1
Baugy	28	A2
La Baule	24	A1
Baume (Cirque de)	30	A3
Baume-les-Dames	30	B1
Les Baux-de-Provence	53	C2
Bavay	8	B1
Bavella (Col de)	55	D3
Bayard (Col)	46	A1
Bayeux	5	C2
Bayon	20	B2
Bayonne	48	A1
Bazas	41	C2
Bazoches-sur-Hoëne	16	A2
Beaucaire	45	C3
Beaufort (Jura)	30	A3
Beaufort (Savoie)	38	B2
Beaufort-en-Vallée	25	C1
Beaugency	17	C3
Beaujeu	37	C1
Beaulieu-sur-Dordogne	42	B1
Beaulieu-sur-Mer	47	C3
Beaumesnil	16	A1
Beaumetz-lès-Loges	3	C3
Beaumont-de-Lomagne	42	A3
Beaumont-du-Périgord	42	A1
Beaumont-Hague	4	B1
Beaumont-le-Roger	6	B3
Beaumont-sur-Oise	7	D3
Beaumont-sur-Sarthe	15	D2
Beaune	29	D2
Beaune-la-Rolande	17	D3
Beaupréau	25	C2
Beaurepaire	37	D3
Beaurepaire-en-Bresse	30	A3
Le Beausset	54	A2
Beauvais	7	D3
Beauvoir-sur-Mer	24	A2
Beauvoir-sur-Niort	33	C1
Le Bec-Hellouin	6	B3
Bécherel	14	A2
Bédarieux	52	A2
Beg-Meil	12	B3
Bégard	13	C1
La Bégude-de-Mazenc	45	C2
Bélâbre	26	B3
Belcaire	51	C3
Belfort	31	C1
Belgodère	55	D2
Belin-Béliet	40	B2
Bellac	34	A1
Belle-Isle-en-Terre	13	C2
Bellegarde (Gard)	53	C2
Bellegarde (Loiret)	17	D3
Bellegarde-en-Marche	35	C2
Bellegarde-sur-Valserine	38	A1
Bellême	16	A2
Bellencombre	7	C2
Bellerive-sur-Allier	36	A1
Belleville	37	C1
Belley	37	D2
Belmont-de-la-Loire	36	B1
Belmont-sur-Rance	43	D3
Belpech	50	B2
Belvès	42	A1
Belz	22	A2
Bénévent-l'Abbaye	34	B1
Benfeld	21	D2
Bénodet	12	B3
Le Bény-Bocage	5	C3
La Bérarde	46	B1
Berck-Plage	2	A3
Bergerac	41	D1
Bergues	3	C2
Berlaimont	8	B1
Bernay	6	B3
Bernaville	2	B3
Berre-l'Étang	53	D2
Besançon	30	B1
Besse-en-Chandesse	35	D3
Besse-sur-Issole	54	B1
Bessèges	44	B2
Bessines-sur-Gartempe	34	B1
Bétharram (Grottes de)	49	C2
Béthune	3	C1
Betz	8	A3
Beuil	47	C3
Beuvray (Mont)	29	C2
Beuzeville	6	A3
Beynac-et-Cazenac	42	A1
Beynat	34	B3
Les Bézards	17	D3
Béziers	52	A3
Biarritz	48	A1
Bidache	48	B1
Bidart	48	A1
Bierné	15	C3
Bierre-lès-Semur	29	C1
Billom	36	A2
Binic	13	D1
Le Biot	38	B1
Biscarrosse	40	B2
Biscarrosse-Plage	40	A2
Bischwiller	21	D1
Bitche	11	D3
Blagnac	50	B1
Blain	23	C3
Blainville-sur-l'Eau	20	B1
Blâmont	20	B1
Le Blanc	26	B3
Blangy-le-Château	6	A3
Blangy-sur-Bresle	7	C1
Blanquefort	40	B1
Blanzac	33	D3
Blanzy	29	C3
Blaye	32	B3
Bléneau	28	A1
Blénod-lès-Pont-à-Mousson	20	A1
Blérancourt	8	A2
Bléré	26	B1
Blesle	35	D3
Bletterans	30	A3
Le Bleymard	44	A2
Bligny-sur-Ouche	29	D2
Blois	27	C1
Blonville-sur-Mer	6	A3
Bobigny	17	D1
Bocognano	55	D2
Boëge	38	B1
Boën	36	B2
Bohain-en-Vermandois	8	B1
Bois-d'Amont	30	B3
Bolbec	6	A2
Bollène	45	C2
Bologne	19	D2
Bonaguil (Château de)	42	A2
Bonifacio	55	D3
Bonnat	35	C1
Bonnétable	16	A2
Bonneuil-Matours	26	A3
Bonneval (Eure-et-Loir)	16	B2
Bonneval (Savoie)	39	D3
Bonneville	38	B1
La Bonneville-sur-Iton	16	B1
Bonnières-sur-Seine	17	C1
Bonnieux	45	D3

Boos	6	B3
Bordeaux	41	C1
Bordères-Louron	49	D3
Le Boréon	47	C3
Bormes-les-Mimosas	54	B2
Bort-les-Orgues	35	C3
Bouaye	24	B2
Boucau	48	A1
Bouchain	3	D3
Les Bouchoux	38	A1
Bouilly	18	B2
Boulay-Moselle	10	B3
Boulogne-sur-Gesse	50	A2
Boulogne-sur-Mer	2	A2
Bouloire	16	A3
Le Boulou	57	D3
Bourbon-Lancy	28	B3
Bourbon-l'Archambault	28	A3
Bourbonne-les-Bains	20	A3
La Bourboule	35	D2
Bourbourg	2	B2
Bourbriac	13	C2
Bourdeaux	45	D2
Bourdeilles	34	A3
Bourg	41	C1
Bourg-Achard	6	B3
Bourg-Argental	37	C3
Bourg-de-Péage	45	D1
Bourg-de-Visa	42	A2
Le Bourg-d'Oisans	46	A1
Bourg-en-Bresse	37	D1
Bourg-Lastic	35	D2
Bourg-Madame	56	B3
Bourg-St-Andéol	45	C2
Bourg-St-Maurice	38	B3
Bourganeuf	34	B2
Bourges	27	D2
Le Bourget-du-Lac	38	A2
Bourgneuf-en-Retz	24	B2
Bourgoin-Jallieu	37	D2
Bourgtheroulde-Infreville	6	B3
Bourgueil	26	A1
Bourmont	20	A2
Le Bousquet-d'Orb	52	A2
Boussac	35	C1
Boussens	50	A2
Bouxwiller	21	C1
Bouzonville	10	B3
Boves	7	D2
Bozel	38	B3
Bozouls	43	D2
Bracieux	27	C1
Braine	8	B3
Brancion	29	D3
Branne	41	C1
Brantôme	34	A3
Brassac	51	D1
Brassac-les-Mines	36	A3
Braus (Col de)	47	C3
Bray-Dunes	3	C1
Bray-sur-Seine	18	A2
Bray-sur-Somme	8	A1
Brécey	5	C3
La Brède	41	C1
Bréhal	4	B3
Bréhat (Ile de)	13	D1
Breil-sur-Roya	47	D3
Brennilis	12	B2
Brénod	37	D1
Bresles	7	D3
La Bresse	21	C3
Bressuire	25	D2
Brest	12	B2
Bretenoux	42	B1
Breteuil	7	D2
Breteuil-sur-Iton	16	B1
Brézolles	16	B1
Briançon	46	B1
Briare	28	A1
Bricquebec	4	B2
Brides-les-Bains	38	B3
Brie-Comte-Robert	17	D1
Briec	12	B2
Brienne-le-Château	19	C2
Brienon-sur-Armançon	18	B3
Briey	10	A3
Brignogan-Plages	12	B1
Brignoles	54	B1
Brinon-sur-Beuvron	28	B2
Brionne	6	B3
Brioude	36	A3
Brioux-sur-Boutonne	33	C1
Briouze	15	D1
Brissac-Quincé	25	D1
Brive-la-Gaillarde	34	B3
Broglie	16	A1
Broons	14	A2
Brossac	33	C3
Brou (Ain)	37	D1
Brou (Eure-et-Loir)	16	B2
Brouage	32	B2
Brouis (Col de)	47	D3
Bruay-la-Buissière	3	C3
Bruay-sur-l'Escaut	3	D3
Brûlon	15	D3
Brumath	21	D1
Bruniquel	42	B3
Bruyères	20	B2
Bubry	13	C3
Buchy	7	C2
Bugeat	35	C2
Le Bugue	42	A1
Buis-les-Baronnies	45	D2
Le Buisson-de-Cadouin	42	A1
Bulgnéville	20	A2
Bully-les-Mines	3	C3
Burie	33	C2
Bussang	21	C3
Bussière-Badil	33	D2
Buxy	29	D3
Buzançais	27	C2
Buzancy	9	D3

C

Les Cabannes	50	B3
Cabourg	6	A3
Cabre (Col de)	45	D2
Cabrerets	42	B2
Cadarache (Barrage de)	54	A1
Cadenet	45	D1
Cadillac	41	C1
Cadouin	42	A1
Caen	5	D2
Cagnes-sur-Mer	55	C1
Cahors	42	B2
Cajarc	42	B2
Calacuccia	55	D2
Calais	2	B2
Calenzana	55	D2
Callac	13	C2
Callas	54	B1
Calvi	55	D2
Camarès	43	D3
Camaret-sur-Mer	12	A2
Cambo-les-Bains	48	A1
Cambrai	3	D3
Cambremer	6	A3
Campagne-lès-Hesdin	2	B3
Campan	49	D2
Cancale	14	A1
Cancon	41	D2
Candé	25	C1
Candes-St-Martin	26	A2
Canet-Plage	57	D2

Canigou (Pic du)	57	C3
Canisy	5	C3
Cannes	55	C1
La Canourgue	44	A2
Cany-Barville	6	B2
Le Cap-d'Agde	52	A3
Cap-Ferret	40	A1
Capbreton	48	A1
Capdenac-Gare	43	C2
La Capelle	8	B1
Capendu	51	D2
Capestang	52	A3
Captieux	41	C2
Capvern	49	D2
Caraman	50	B1
Carantec	12	B1
Carbon-Blanc	41	C1
Carbonne	50	B2
Carcans	32	B3
Carcans-Plage	32	B3
Carcassonne	51	C2
Carcès	54	B1
Carentan	5	C2
Cargèse	55	C2
Carhaix-Plouguer	13	C2
Carignan	9	D2
Carling	11	C3
Carmaux	43	C3
Carnac	22	B2
Carnon-Plage	52	B2
Carolles	4	B3
Carpentras	45	D3
Carquefou	23	D3
Carqueiranne	54	B2
Carro	53	D2
Carrouges	15	D2
Carry-le-Rouet	53	D2
Carteret	4	B2
Carvin	3	C3
Cassagnes-Bégonhès	43	D3
Cassel	3	C2
Cassis	54	A2
Castanet-Tolosan	50	B1
Casteljaloux	41	C2
Castellane	46	B3
Castelmoron-sur-Lot	41	D2
Castelnau-de-Médoc	40	B1
Castelnau-de-Montmiral	42	B3
Castelnau-Magnoac	49	D2
Castelnau-Montratier	42	B2
Castelnau-Rivière-Basse	49	D1
Castelnaudary	51	C2
Castelsarrasin	42	A3
Castets	40	B3
Castillon (Barrage de)	46	B3
Castillon-en-Couserans	50	A2
Castillon-la-Bataille	41	C1
Castillonnès	41	D1
Castres	51	C1
Castries	52	B2
Le Cateau-Cambrésis	3	D3
Le Catelet	8	A1
Cattenom	10	B3
Catus	42	B2
Caudebec-en-Caux	6	B2
Caudry	3	D3
Caulnes	14	A2
Caumont-l'Éventé	5	C3
Caunes-Minervois	51	C1
Caussade	42	B3
Cauterets	49	C2
Cavaillon	45	D3
Cavalaire-sur-Mer	54	B2
La Cavalerie	44	A3
Cavalière	54	B2
Cayeux-sur-Mer	2	A3
Le Caylar	52	A1
Caylus	42	B2
La Cayolle (Col de)	46	B2
Cayres	44	B1
Cazals	42	A2
Cazaubon	41	C3
Cazaux	40	B2
Cazères	50	A2
Celles-sur-Belle	33	C1
Cerbère	57	D3
Céret	51	D3
Cérilly	28	A3
Cerisiers	18	A3
Cerisy-la-Salle	5	C3
Cerizay	25	D2
Cernay	21	C3
Cervione	55	D2
Ceyrat	35	D2
Ceyzériat	37	D1
Chabanais	34	A2
Chabeuil	45	C1
Chablis	18	B3
Chabris	27	C2
Chagny	29	D2
Chailland	15	C2
Chaillé-les-Marais	25	C3
La Chaise-Dieu	36	A3
Chalabre	51	C2
Chalais	33	D3
Chalamont	37	D1
Chalampé	21	D3
Chalindrey	19	D3
Challans	24	B2
Challes-les-Eaux	38	A2
Chalon-sur-Saône	29	D3
Chalonnes-sur-Loire	25	C1
Châlons-en-Champagne	19	C1
Châlus	34	A2
Chambéry	38	A2
Chambley-Bussières	10	A3
Chambly	7	D3
Chambon (Barrage du)	46	A1
Le Chambon-Feugerolles	36	B3
Chambon-sur-Lac	35	D2
Le Chambon-sur-Lignon	44	B1
Chambon-sur-Voueize	35	C1
Chambord	27	C1
La Chambre	38	B2
Chamonix-Mont-Blanc	38	B1
Champagnac-de-Belair	34	A3
Champagne-Mouton	33	D1
Champagnole	30	B3
Champdeniers-St-Denis	25	D3
Champeaux	14	B2
Champeix	35	D2
Champlitte-et-le-Prélot	30	A1
Champs-sur-Tarentaine	35	D3
Champtoceaux	23	D3
Chamrousse	38	A3
Chanac	44	A2
Chanas	37	C3
Chantelle	35	D1
Chantemerle	46	B1
Chantilly	7	D3
Chantonnay	25	C3
Chaource	18	B3
La Chapelle-d'Angillon	27	D1
La Chapelle-de-Guinchay	37	C1
La Chapelle-en-Valgaudémar	46	A1
La Chapelle-en-Vercors	45	D1
Charbonnières-les-Bains	37	C2
Charenton-du-Cher	28	A3
La Charité-sur-Loire	28	A2
Charleville-Mézières	9	D2
Charlieu	36	B1
Charly-sur-Marne	18	A1
Charmes	20	B2
Charny	18	A3
Charny-sur-Meuse	10	A3

Charolles	29	C3
Chârost	27	D2
Charquemont	31	C2
Charroux	33	D1
La Chartre-sur-le-Loir	16	A3
Chartres	16	B2
Chasseneuil-sur-Bonnieure	33	D2
La Châtaigneraie	25	C3
Château-Arnoux-St-Auban	46	A3
Château-Chinon	29	C2
Le Château-d'Oléron	32	B2
Château-du-Loir	26	A1
Château-Gontier	15	C3
Château-la-Vallière	26	A1
Château-Landon	17	D3
Château-Porcien	9	C2
Château-Queyras	46	B1
Château-Regnault	9	D2
Château-Renard	18	A3
Château-Renault	26	B1
Château-Salins	20	B1
Château-Thierry	18	A1
Châteaubourg	14	B3
Châteaubriant	23	D2
Châteaudun	16	B3
Châteaugiron	14	B3
Châteaulin	12	B2
Châteaumeillant	27	D3
Châteauneuf-de-Randon	44	A2
Châteauneuf-d'Ille-et-Vilaine	14	A1
Châteauneuf-du-Faou	12	B2
Châteauneuf-du-Pape	45	C3
Châteauneuf-en-Thymerais	16	B2
Châteauneuf-la-Forêt	34	B2
Châteauneuf-les-Bains	35	D1
Châteauneuf-sur-Charente	33	C2
Châteauneuf-sur-Cher	27	D3
Châteauneuf-sur-Loire	17	D3
Châteauneuf-sur-Sarthe	25	D1
Châteauponsac	34	B1
Châteaurenard	53	D1
Châteauroux	27	C3
Châteauvillain	19	D3
Châtel	38	B1
Châtel-Montagne	36	A1
Châtel-sur-Moselle	20	B2
Châtelaillon-Plage	32	B1
Le Châtelard	38	A2
Châtelaudren	13	D2
Châteldon	36	A1
Le Châtelet	27	D2
Le Châtelet-en-Brie	17	D2
Châtelguyon	35	D2
Châtellerault	26	A3
Châtelus-Malvaleix	35	C1
Châtenois	20	A2
Châtillon-Coligny	18	A3
Châtillon-en-Bazois	28	B2
Châtillon-en-Diois	45	D1
Châtillon-sur-Chalaronne	37	C1
Châtillon-sur-Indre	26	B2
Châtillon-sur-Loire	28	A1
Châtillon-sur-Marne	8	B3
Châtillon-sur-Seine	19	C3
La Châtre	27	D3
Chaudes-Aigues	43	D1
Chauffailles	36	B1
Chaufour-lès-Bonnières	16	B1
Chaulnes	8	A2
Chaumergy	30	A2
Chaumont	19	D3
Chaumont-en-Vexin	7	C3
Chaumont-sur-Loire	26	B1
Chauny	8	A2
Chausey (Îles)	4	B3
Chaussin	30	A2
Chauvigny	26	B3
Chazelles-sur-Lyon	36	B2
Chef-Boutonne	33	C1
Chemillé	25	C2
Chemin	30	A2
Chénérailles	35	C1
Chenonceaux	26	B1
Cherbourg-Octeville	4	B1
Chéroy	18	A2
Le Chesne	9	D2
Chevagnes	28	B3
Chevillon	19	D2
Chèvre (Cap de la)	12	A2
Chevreuse	17	C1
Le Cheylard	45	C1
La Chèze	13	D3
Chinon	26	A2
Chioula (Col de)	51	C3
Cholet	25	C2
Chorges	46	B2
Cians (Gorges du)	47	C3
Cintegabelle	50	B2
La Ciotat	54	A2
Cirey-sur-Vezouze	21	C1
Civray	33	D1
Clairvaux-les-Lacs	30	A3
Clamecy	28	B1
Claye-Souilly	17	D2
La Clayette	36	B1
Clécy	5	D3
Clefmont	20	A3
Cléguérec	13	D2
Clelles	46	A1
Clères	6	B2
Clermont	7	D3
Clermont-en-Argonne	9	D3
Clermont-Ferrand	36	A2
Clermont-l'Hérault	52	A2
Clerval	31	C1
Cléry-St-André	17	C3
Clisson	25	C2
Cloyes-sur-le-Loir	16	B3
Cluny	29	D3
La Clusaz	38	B2
Cluses	38	B1
Cognac	33	C2
Cogolin	54	B2
Coligny	37	D1
Collinée	13	D2
Collioure	57	D3
Collobrières	54	B2
Collonges	38	A1
Collonges-la-Rouge	42	B1
Colmar	21	C2
Colmars	46	B2
Cologne	50	A1
Colombey-les-Belles	20	A2
Colombey-les-Deux-Églises	19	D2
Colombière (Col de la)	38	B1
Combe Laval	45	D1
Combeaufontaine	20	A3
Combloux	38	B2
Combourg	14	B2
Combronde	35	D1
Comines	3	C2
Commentry	35	D1
Commercy	20	A1
Compiègne	8	A3
Comps-sur-Artuby	54	B1
Concarneau	12	B3
Conches-en-Ouche	16	B1
Condat	35	D3
Condé-en-Brie	18	B1
Condé-sur-l'Escaut	3	D3
Condé-sur-Noireau	5	D3

Condom............................. 41 D3
Condrieu........................... 37 C3
Conflans-en-Jarnisy.......... 10 A3
Confolens........................ 34 A1
Conlie............................. 15 D3
Conliège.......................... 30 A3
Connerré......................... 16 A3
Conques.......................... 43 C2
Le Conquet...................... 12 A2
Les Contamines-Montjoie... 38 B2
Contres........................... 27 C1
Contrexéville................... 20 A2
Conty.............................. 7 D2
Coray.............................. 12 B3
Corbeil-Essonnes............. 17 D2
Corbie............................ 7 D2
Corbigny......................... 28 B2
Corcieux......................... 21 C2
Cordes-sur-Ciel................ 43 C3
Corlay............................ 13 D2
Cormatin......................... 29 D3
Cormeilles....................... 6 A3
Cormery.......................... 26 B2
Cormet de Roselend......... 38 B2
Cornimont....................... 21 C3
Cornus............................ 44 A3
Corps............................. 46 A1
Corrèze.......................... 34 B3
Corte............................. 55 D2
Cosne-d'Allier................. 28 A3
Cosne-sur-Loire............... 28 A1
Cossé-le-Vivien............... 15 C3
La Côte-St-André............. 37 D3
Cotignac........................ 54 B1
Couches......................... 29 D2
Coucy-le-Château-
  Auffrique...................... 8 B2
Couhé............................ 33 D1
Couilly-Pont-aux-Dames..... 17 D1
Couiza........................... 51 C2
Coulanges-la-Vineuse........ 28 B1
Coulanges-sur-Yonne........ 28 B1
Coulommiers.................... 18 A1
Coulon........................... 33 C1
Coulonges-sur-l'Autize....... 25 D3
Couptrain....................... 15 D2
Cour-Cheverny................. 27 C1
Courçon.......................... 32 D1
Cournon-d'Auvergne......... 36 A2
La Couronne.................... 33 D2
Courpière........................ 36 A2

Cours............................. 36 B1
Coursan......................... 52 A3
Coursegoules................... 47 C3
Courseulles-sur-Mer......... 5 D2
Courson-les-Carrières........ 28 B1
Courtenay....................... 18 A3
Courthézon..................... 45 C3
La Courtine..................... 35 C2
Courtomer...................... 16 A1
Courville-sur-Eure............ 16 B2
Coussey.......................... 20 A2
Coutances....................... 5 C3
La Couvertoirade.............. 44 A3
Cozes............................. 32 D2
Craon............................. 15 C3
Craonne.......................... 8 B3
Craponne-sur-Arzon.......... 36 B3
La Crau........................... 54 B2
Crécy-en-Ponthieu............ 2 B3
Crécy-la-Chapelle............. 18 A1
Crécy-sur-Serre................ 8 B2
Creil.............................. 7 D3
Crémieu.......................... 37 D2
Créon............................. 41 C1
Crépy-en-Valois............... 8 A3
Crest............................. 45 D2
Créteil............................ 17 D1
Creully........................... 5 D2
Le Creusot....................... 29 C3
Creutzwald...................... 11 C3
Crèvecœur-le-Grand.......... 7 D2
Criel-sur-Mer................... 7 C1
Criquetot-l'Esneval........... 6 A2
Crocq............................. 35 C2
Le Croisic........................ 22 B3
La Croix-de-Fer (Col de)..... 38 A3
Croix-Haute (Col de la)...... 46 A1
La Croix-Valmer................ 54 B2
Le Crotoy........................ 2 A3
Crozant.......................... 34 B1
Crozon........................... 12 A2
Cruseilles........................ 38 A1
Crussol (Château de)........ 45 C1
Cuers............................. 54 B2
Cuiseaux......................... 30 A3
Cuisery.......................... 29 D3
Culan............................. 27 D3
Culoz............................. 38 A2
Cunault.......................... 25 D1
Cunlhat.......................... 36 A2
La Cure........................... 30 B3

Cusset............................ 36 A1
Cysoing.......................... 3 D2

D

Dabo............................. 21 C1
Damazan......................... 41 D2
Damelevières................... 20 B1
Damgan.......................... 22 B3
Dammartin-en-Goële......... 17 D1
Dampierre....................... 30 A2
Dampierre-sur-Salon......... 30 A1
Damville......................... 16 D1
Damvillers...................... 10 A3
Dangé-St-Romain............. 26 A2
Dannemarie..................... 31 C1
Daoulas.......................... 12 B2
Dargilan (Grotte de)......... 44 A3
Darney........................... 20 A3
Dax............................... 48 B1
Deauville........................ 6 A3
Decazeville..................... 43 C2
Decize........................... 28 B3
Delle............................. 31 C1
Delme............................ 20 B1
Demoiselles (Grotte des).. 52 B1
Denain........................... 3 D3
Der-Chantecoq (Lac du).... 19 C2
Derval............................ 23 D2
Descartes....................... 26 B2
Desvres.......................... 2 B2
Les Deux-Alpes................ 46 A1
Die............................... 45 D1
Dieppe........................... 6 B1
Dieulefit......................... 45 D2
Dieulouard...................... 20 A1
Dieuze........................... 20 B1
Digne-les-Bains............... 46 B3
Digoin........................... 29 C3
Dijon............................. 29 D1
Dinan............................ 14 A2
Dinard........................... 14 A1
Dives-sur-Mer................. 6 A3
Divonne-les-Bains............ 38 A1
Dol-de-Bretagne.............. 14 B1
Dole............................. 30 A2
Domart-en-Ponthieu......... 7 D1
Dombasle-sur-Meurthe...... 20 B1
Dôme (Puy de)................. 35 D2
Domène.......................... 38 A3
Domèvre-en-Haye............. 20 A1

Domfront 15 C1
Domme 42 A1
Dompaire 20 B2
Dompierre-sur-Besbre 28 B3
Domrémy-la-Pucelle 20 A2
Donges 23 C3
Le Donjon 36 A1
Donnemarie-Dontilly 18 A2
Donon (Col du) 21 C2
Donzenac 34 B3
Donzère 45 C2
Donzy 28 A1
Le Dorat 34 A1
Dordives 17 D3
Dormans 8 B3
Dornes 28 B3
Dortan 37 D1
Douai 3 D3
Douarnenez 12 B2
Doucier 30 A3
Doudeville 6 B2
Doué-la-Fontaine 25 D2
Doulaincourt 19 D2
Doulevant-le-Château 19 D2
Doullens 3 C3
Dourdan 17 C2
Dourgne 51 C1
Douvaine 38 A1
Douvres-la-Délivrande 5 D2
Dozulé 6 A3
Draguignan 54 B1
Dreux 16 B1
Droué 16 B3
Drulingen 21 C1
Drusenheim 21 D1
Ducey 14 B1
Duclair 6 B2
Duingt 38 A2
Dun-le-Palestel 34 B1
Dun-sur-Auron 28 A2
Dunkerque 2 B1
Duras 41 D1
Durban-Corbières 51 D2
Durtal 25 D1

E

Eaux-Bonnes 49 C2
Eauze 41 D3
Ébreuil 35 D1
Les Écharmeaux 37 C1

Les Échelles 38 A3
Écommoy 16 A3
Écos 7 C3
Écouché 15 D1
Écueillé 27 C2
Égletons 35 C3
Éguzon 27 C3
Elbeuf 6 B3
Elne 57 D3
Éloyes 20 B3
Elven 13 D3
Embrun 46 B2
Encausse-les-Thermes 50 A3
Ennezat 36 A2
Ensisheim 21 C3
Entraygues-sur-Truyère 43 D2
Entrevaux 46 B3
Envermeu 7 C2
Épernay 18 B1
Épernon 17 C2
Épinac 29 C2
Épinal 20 B2
L'Épine 19 C1
Erbalunga 55 D1
Ermenonville 8 A3
Ernée 15 C2
Erquy 14 A1
Erstein 21 D2
Ervy-le-Châtel 18 B3
L'Escarène 47 C3
Espalion 43 D2
Espelette 48 A1
Les Essarts 25 C3
Essoyes 19 C3
Estagel 51 D3
Estaing 43 D2
Estaires 3 C2
Esternay 18 B1
Estissac 18 B2
Estrées-St-Denis 8 A3
Étables-sur-Mer 13 D1
Étain 10 A3
Étampes 17 C2
Étang-sur-Arroux 29 C2
Étaples 2 A3
Étel 22 A2
Étrépagny 7 C3
Étretat 6 A2
Eu 7 C1
Eugénie-les-Bains 49 C1
Évaux-les-Bains 35 C1
Évian-les-Bains 31 C3

Évisa 55 D2
Évran 14 A2
Évrecy 5 D3
Évreux 16 D1
Évron 15 D2
Évry 17 D1
Excideuil 34 A3
Exmes 16 A1
Eyguières 53 D2
Eygurande 35 C2
Eymet 41 D1
Eymoutiers 34 B2
Les Eyzies-de-Tayac 42 A1
Èze 47 C3

F

Facture 40 B1
Falaise 15 D1
Fanjeaux 51 C2
Le Faou 12 B2
Le Faouët 13 C3
La Faucille (Col de) 38 A1
Faucogney-et-la-Mer 20 B3
Faulquemont 10 B3
Fauquembergues 2 B2
Fauville-en-Caux 6 B2
Faverges 38 A2
Faverney 20 A3
Fay-sur-Lignon 44 D1
Fayence 55 C1
Fayl-Billot 20 A3
Fécamp 6 A2
La Féclaz 38 A2
Felletin 35 C2
Fénétrange 21 C1
Fer à Cheval (Cirque du) ... 38 B1
La Fère 8 B2
Fère-Champenoise 18 B1
Fère-en-Tardenois 8 B3
Ferney-Voltaire 38 A1
Ferrette 31 D1
Ferrières-en-Gâtinais 17 D3
La Ferté-Alais 17 D2
La Ferté-Bernard 16 A2
La Ferté-Frênel 16 A1
La Ferté-Gaucher 18 A1
La Ferté-Macé 15 D1
La Ferté-Milon 8 A3
La Ferté-sous-Jouarre 18 A1
La Ferté-St-Aubin 27 D1

La Ferté-Vidame 16 B1
Festre (Col du) 46 A1
Feurs 36 B2
Feyzin 37 C2
Figeac 43 C2
Firminy 36 B3
Fismes 8 B3
Flaine 38 B1
La Flèche 25 D1
Fleckenstein
  (Château de) 11 D3
Flers 15 C1
Fleurance 41 D3
Fleury-en-Bière 17 D2
Fleury-sur-Andelle 7 C3
Flixecourt 7 D1
Flize 9 D2
Flogny-la-Chapelle 18 B3
Florac 44 B2
Florensac 52 A2
Flumet 38 B2
Foix 50 B2
Le Folgoët 12 B1
Font-Romeu-Odeillo-Via 51 C3
Fontaine 21 C3
Fontaine-de-Vaucluse 45 D3
Fontaine-Française 30 A1
Fontaine-le-Dun 6 B2
Fontainebleau 17 D2
Fontenay (Abbaye de) 29 C1
Fontenay-le-Comte 25 C3
Fontenay-Trésigny 18 A1
Fontevraud-l'Abbaye 26 A2
Fontfroide (Abbaye de) 51 D1
Fontgombault 26 B3
Fontoy 10 B3
Fontvieille 53 C2
Forbach 11 C3
Forcalquier 46 A3
Forges-les-Eaux 7 C2
Formerie 7 C2
Fort-Mahon-Plage 2 A3
Fos 50 A3
Fos-sur-Mer 53 D2
Le Fossat 50 B2
Fouesnant 12 B3
Foug 20 A1
Fougères 14 B2
Fougerolles 20 B3
Fouras 32 D1
Fourchambault 28 A2
Fourmies 9 C1

Fournels 43 D1
Fours 28 B3
Le Fousseret 50 A2
Fraize 21 C2
Frangy 38 A1
Fréhel (Cap) 14 A1
Fréjus 55 C1
Fréjus (Tunnel du) 38 B3
Frêne (Col du) 38 A2
Fresnay-sur-Sarthe 15 D2
Fresne-St-Mamès 30 A1
Fresnes-en-Woëvre 10 A3
Frévent 2 B3
Freyming-Merlebach 11 C3
Froissy 7 D2
Fromentine 24 A2
Frontenay-Rohan-Rohan 33 C1
Frontignan 52 B2
Fronton 42 B3
Frouard 20 A1
Fruges 2 B3
Fumay 9 D1
Fumel 42 A2

G

Gabarret 41 C3
Gacé 16 A1
La Gacilly 14 A3
Gaillac 43 C3
Gaillon 7 C3
Galan 49 D2
Galibier (Col du) 38 B3
Gallardon 17 C2
Gallargues-le-Montueux 52 B2
Gamaches 7 C1
Ganges 52 B1
Gannat 36 A1
Gap 46 A2
Garabit (Viaduc de) 44 A1
Gardanne 54 A1
La Garde-Freinet 54 B1
Gargilesse-Dampierre 27 C3
Garlin 49 C1
Gavarnie 49 D3
Gavray 5 C3
Geaune 49 C1
Gemeaux 29 D1
Gémenos 54 A1
Gémozac 32 D2
Gençay 33 D1

Génissiat (Barrage de) 38 A1
Genlis 30 A2
Gennes 25 D1
Génolhac 44 B2
Gentioux 35 C2
Gérardmer 21 C3
Gerbéviller 20 B2
Gerbier de Jonc (Mont) 44 B1
Les Gets 38 B1
Gevrey-Chambertin 29 D2
Gex 38 A1
Ghisonaccia 55 D3
Ghisoni 55 D2
Giat 35 C2
Gien 28 A1
Giens 54 B2
Gignac 52 A2
Gimont 50 A1
Giromagny 21 C3
Gisors 7 C3
Givet 9 D1
Givors 37 C2
Givry 29 D3
Givry-en-Argonne 19 D1
Glandon (Col du) 38 A3
Glénan (Iles de) 12 B3
Goderville 6 A2
Golfe-Juan 55 C1
Goncelin 38 A3
Gondrecourt-le-Château 20 A2
Gordes 45 D3
Gorron 15 C2
Gouarec 13 C2
Goumois 31 C1
Gourdon 42 B1
Gourin 13 C2
Gournay-en-Bray 7 C3
Gouzon 35 C1
Graçay 27 C2
Gramat 42 B1
Grancey-le-Château 29 D1
Grand Bois ou de la
  République (Col du) 37 C3
Le Grand-Bornand 38 B1
Le Grand-Bourg 34 B1
Grand-Champ 13 D3
Grand Colombier 38 A2
La Grand-Combe 44 B2
Grand-Couronne 6 B3
La Grand-Croix 37 C3
Grand-Fougeray 14 B3
Le Grand-Lemps 37 D3

Le Grand-Lucé	16	A3
Le Grand-Pressigny	26	B2
Le Grand-Serre	37	D3
Grandcamp-Maisy	5	C2
La Grande-Motte	52	B2
Grandpré	9	D3
Grandrieu	44	A1
Grandval (Barrage de)	43	D1
Grandvilliers	7	D2
Granges-sur-Vologne	20	B2
Granier (Col du)	38	A3
Granville	4	B3
Grasse	55	C1
Le Grau-du-Roi	52	B2
Graulhet	51	C1
La Grave	38	B3
Grave (Pointe de)	32	B2
Gravelines	2	B1
Gray	30	A1
Grenade	50	B1
Grenade-sur-l'Adour	41	C3
Grenoble	38	A3
Gréoux-les-Bains	46	A3
Gresse-en-Vercors	45	D1
Grésy-sur-Isère	38	A3
Grez-en-Bouère	15	C3
Grignan	45	C2
Grignols	41	C2
Grimaud	54	B1
Grimone (Col de)	46	A1
Gris-Nez (Cap)	2	A2
Grisolles	42	B3
Groix	22	A2
Grostenquin	11	C3
Grouin (Pointe du)	14	A1
Gruissan	52	A3
Guebwiller	21	C3
Guémené-Penfao	23	C2
Guémené-sur-Scorff	13	C3
Guer	14	A3
Guérande	22	B3
La Guerche-de-Bretagne	14	B3
La Guerche-sur-l'Aubois	28	A2
Guéret	34	B1
Guérigny	28	A2
Guerlédan (Lac de)	13	D2
Guéthary	48	A1
Gueugnon	29	C3
Guichen	14	A3
Guignes	17	D1
Guillaumes	47	C3
Guillestre	46	B1

Guillon	29	C1
Guilvinec	12	B3
Guimiliau	12	B2
Guînes	2	B2
Guingamp	13	D2
Guipavas	12	B2
Guiscard	8	A2
Guise	8	B2
Guîtres	41	C1
Gujan-Mestras	40	B1
Guzet-Neige	50	B3
Gy	30	A1

H

Habsheim	21	C3
Hagetmau	49	C1
Hagondange	10	B3
Haguenau	21	D1
Hallencourt	7	C1
Halluin	3	D2
Ham	8	A2
Hambye (Abbaye de)	5	C3
Hardelot-Plage	2	A2
Haroué	20	A2
Hasparren	48	A1
Haubourdin	3	C2
Haut-Kœnigsbourg (Château du)	21	C2
Hautecombe (Abbaye de)	38	A2
Hautefort	34	A3
Hauteville-Lompnes	37	D1
Hautmont	8	B1
Le Havre	6	A2
Hayange	10	B3
La Haye-du-Puits	4	B2
La Haye-Pesnel	5	C3
Hazebrouck	3	C2
Héas	49	D3
Hédé	14	B2
Hendaye	48	A1
Hénin-Beaumont	3	C3
Hennebont	13	C3
Henrichemont	27	D1
Herbault	26	B1
Les Herbiers	25	C2
Herbignac	23	C3
Héricourt	31	C1
Hérisson	28	A3
Hérisson (Cascades du)	30	B3

L'Hermenault	25	C3
Herment	35	D2
Hesdin	2	B3
Hettange-Grande	10	B3
Heuchin	2	B3
Heyrieux	37	C2
Hiersac	33	D2
Hirsingue	31	D1
Hirson	9	C1
Hochfelden	21	D1
Hohneck	21	C3
Le Hohwald	21	C2
Hondschoote	3	C1
Honfleur	6	A3
Hornoy	7	C2
Hossegor	48	A1
Les Houches	38	B2
Houdain	3	C3
Houdan	17	C1
Houeillès	41	C2
Houlgate	6	A3
Hourtin	32	B3
Hucqueliers	2	B2
Huelgoat	13	C2
Hunspach	11	D3
Huriel	35	C1
Hyères	54	B2

I

If (Château d')	53	D3
L'Ile-Bouchard	26	A2
L'Ile-Rousse	55	D2
Ille-sur-Têt	51	D3
Illhaeusern	21	C2
Illiers-Combray	16	B2
Imphy	28	B2
Ingrandes	25	C1
Ingwiller	21	C1
Is-sur-Tille	29	D1
Iseran (Col de l')	39	C3
L'Isle-Adam	7	D3
L'Isle-d'Abeau	37	D2
L'Isle-de-Noé	49	D1
L'Isle-en-Dodon	50	A1
L'Isle-Jourdain (Gers)	50	A1
L'Isle-Jourdain (Vienne)	34	A1
L'Isle-sur-la-Sorgue	45	D3
L'Isle-sur-le-Doubs	31	C1
L'Isle-sur-Serein	29	C1
Isola 2000	47	C2

Les Issambres........................ 55 C1
Issigeac................................ 41 D1
Issoire.................................. 36 A2
Issoudun................................ 27 D2
Issy-l'Évêque......................... 29 C3
Istres................................... 53 D2
Ivry-la-Bataille...................... 16 B1
Izernore................................ 37 D1
Izoard (Col d')...................... 46 B1

J

Jaligny-sur-Besbre................. 36 A1
Janville................................ 17 C2
Janzé................................... 14 B3
Jard-sur-Mer.......................... 24 B3
Jargeau................................ 17 C3
Jarnac.................................. 33 C2
Jarnages............................... 35 C1
Jarny................................... 10 A3
Jau (Col de).......................... 51 C3
Jaunay-Clan........................... 26 A3
Jausiers............................... 46 B2
La Javie................................ 46 B2
Javron.................................. 15 D2
Jegun................................... 49 D1
Jeumont................................. 9 C1
Jobourg (Nez de)..................... 4 B1
Joigny.................................. 18 A3
Joinville............................... 19 D2
Jonzac................................. 33 C3
Josselin............................... 13 D3
Jouarre................................. 18 A1
Joué-lès-Tours........................ 26 B1
Jougne................................. 30 B3
Joyeuse................................ 44 B2
Juan-les-Pins......................... 55 C1
Jugon-les-Lacs....................... 14 A2
Juillac................................ 34 B3
Jullouville............................ 4 B3
Jumeaux................................ 36 A3
Jumièges................................ 6 B3
Jumilhac-le-Grand.................... 34 A3
Juniville............................... 9 C3
Jussey................................. 20 A3
Juvigny-le-Tertre..................... 5 C3
Juvigny-sous-Andaine............... 15 C2
Juzennecourt.......................... 19 D2

K

Kaysersberg........................... 21 C2
Kembs................................... 21 D3
Kernascléden.......................... 13 C3

L

Labastide-Murat...................... 42 B2
Labastide-Rouairoux................. 51 D1
Labouheyre............................ 40 B2
Labouret (Col du).................... 46 B2
Labrit................................. 41 C3
Labruguière........................... 51 C1
Lacanau................................ 40 B1
Lacanau-Océan......................... 40 B1
Lacapelle-Marival.................... 43 C1
Lacaune................................ 51 D1
Lacq.................................... 49 C1
Laferté-sur-Amance.................. 20 A3
Laffrey................................ 46 A1
Lafrançaise........................... 42 A3
Lagnieu................................ 37 D2
Lagny-sur-Marne...................... 17 D1
Lagrasse............................... 51 C2
Laguépie............................... 43 C3
Laguiole............................... 43 D1
Laignes................................ 19 C3
Laissac................................ 43 D2
Lalbenque.............................. 42 B2
Lalinde................................ 42 A1
Lalouvesc............................. 37 C3
Lamalou-les-Bains.................... 52 A2
Lamarche............................... 20 A3
Lamarque............................... 32 B3
Lamastre............................... 45 C1
Lamballe............................... 13 D2
Lambesc................................ 53 D2
Lamotte-Beuvron...................... 27 D1
Lampaul................................ 12 A2
Lamure-sur-Azergues................. 37 C1
Landerneau............................ 12 B2
Landévennec........................... 12 B2
Landivisiau........................... 12 B2
Landivy................................ 15 C2
Landrecies............................. 3 D3
Langeac................................ 36 A3
Langeais............................... 26 A1
Langogne............................... 44 B1
Langon................................. 41 C2

Langres................................ 19 D3
Langrune-sur-Mer....................... 5 D2
Lanmeur................................ 13 C1
Lannemezan............................ 49 D2
Lannilis............................... 12 B1
Lannion................................ 13 C1
Lanouaille............................ 34 A3
Lans-en-Vercors...................... 37 D3
Lanslebourg-Mont-Cenis.... 38 B3
Lanta.................................. 50 B1
Lantosque............................. 47 C3
Lanvollon.............................. 13 C1
Laon.................................... 8 B2
Lapalisse.............................. 36 A1
Lapleau................................ 35 C3
Laplume................................ 41 D3
Lapoutroie............................. 21 C2
Laragne-Montéglin.................... 46 A2
Larche (Alpes-de-Haute-
     Provence).......................... 46 B2
Larche (Col de)...................... 47 C2
Larche (Corrèze)..................... 34 B3
Largentière........................... 44 B2
Larmor-Plage.......................... 13 C3
Laroque-d'Olmes...................... 51 C2
Laroque-Timbaut...................... 42 A2
Laroquebrou........................... 43 C1
Laruns................................. 49 C2
Lasalle............................... 44 B3
Lascaux (Grotte de)................. 42 A1
Lassay-les-Châteaux................. 15 C2
Lassigny............................... 8 A3
Latour-de-France..................... 51 D3
Latronquière.......................... 43 C1
Laurière............................... 34 B1
Lautaret (Col du).................... 46 B3
Lautrec................................ 51 C1
Lauzerte............................... 42 A2
Le Lauzet-Ubaye...................... 46 B2
Lauzun................................. 41 D2
Laval.................................. 15 C3
Le Lavandou........................... 54 B2
Lavardac............................... 41 D3
Lavaur................................. 51 C1
Lavelanet.............................. 51 C2
Lavéra................................. 53 D2
Lavit-de-Lomagne..................... 42 A3
Lavoûte-Chilhac...................... 36 A3
La Léchère............................ 38 B2
Les Lecques........................... 54 A2
Lectoure............................... 41 D3
Lédignan............................... 44 B3

Legé	24	B2
Léguevin	50	B1
Lembach	11	D3
Lembeye	49	C1
Lempdes-sur-Allagnon	36	A3
Lencloître	26	A3
Lens	3	C3
Léon	40	A3
Léoncel	45	D1
Léré	28	A1
Lescar	49	C1
Lescun	49	C2
Lesneven	12	B1
Lesparre-Médoc	32	B3
Lessay	4	B2
Lestelle-Bétharram	49	C2
Levant (Ile du)	54	B2
Levens	47	C3
Levet	27	D2
Levie	55	D3
Levier	30	B2
Levroux	27	C2
Lézardrieux	13	D1
Lézat-sur-Lèze	50	B2
Lezay	33	D1
Lézignan-Corbières	51	D2
Lezoux	36	A2
Libourne	41	C1
Liernais	29	C2
Lieurey	6	A3
Liévin	3	C3
Liffol-le-Grand	20	A2
Liffré	14	B2
Lignières	27	D3
Ligny-en-Barrois	19	D1
Ligny-le-Châtel	18	B3
Ligueil	26	B2
Lille	3	D2
Lillebonne	6	B2
Lillers	3	C2
Limoges	34	B2
Limogne-en-Quercy	42	B2
Limonest	37	C2
Limours-en-Hurepoix	17	C1
Limoux	51	C2
Le Lion-d'Angers	25	D1
Lion-sur-Mer	5	D2
Le Lioran	43	D1
Lisieux	6	A3
Lisle-sur-Tarn	42	B3
Lison (Source du)	30	B2
Lit-et-Mixe	40	A3
Livarot	15	D1
Liverdun	20	A1
Livernon	42	B2
Livron-sur-Drôme	45	C1
Lizy-sur-Ourcq	18	A1
Loches	26	B2
Locmariaquer	22	B2
Locminé	13	D3
Locquirec	13	C1
Locronan	12	B2
Loctudy	12	B3
Lodève	52	A2
Loiron	15	C3
Lombez	50	A1
Londinières	7	C2
Longeau	19	D3
Longny-au-Perche	16	A2
Longué	25	D1
Longueville-sur-Scie	6	B2
Longuyon	10	A3
Longwy	10	A2
Lons-le-Saunier	30	A3
Lorgues	54	B1
Lorient	13	C3
Loriol-sur-Drôme	45	C1
Lormes	28	B1
Le Loroux-Bottereau	23	D3
Lorquin	21	C1
Lorrez-le-Bocage	18	A2
Lorris	17	D3
Loudéac	13	D2
Loudes	44	A1
Loudun	26	A2
Loué	15	D3
La Loue (Source de)	30	B2
Louhans	30	A3
Loulay	33	C1
La Loupe	16	B2
Lourdes	49	D2
Le Louroux-Béconnais	25	C1
Louviers	6	B3
Louvigné-du-Désert	15	C2
Lozère (Mont)	44	A2
Lubersac	34	B3
Le Luc	54	B1
Luc-en-Diois	45	D2
Luc-sur-Mer	5	D2
Lucenay-l'Évêque	29	C2
Luçon	25	C3
Le Lude	26	A1
Luère (Col de la)	37	C2
Lumbres	2	B2
Lunas	52	A2
Lunel	52	B2
Lunéville	20	B1
Lurbe-St-Christau	49	C2
Lurcy-Lévis	28	A3
Lure	20	B3
Luri	55	D1
Lury-sur-Arnon	27	D2
Lusignan	26	A3
Lusigny-sur-Barse	19	C2
Lussac	41	C1
Lussac-les-Châteaux	26	B3
Lussan	45	C3
Lutzelbourg	21	C1
Luxeuil-les-Bains	20	B3
Luynes	26	A1
Luz-St-Sauveur	49	D3
Luzarches	7	D3
Luzech	42	B2
Luzy	29	C3
Lyon	37	C2
Lyons-la-Forêt	7	C3

M

Machault	9	C3
Machecoul	24	B2
La Machine	28	B2
Mâcon	37	C1
Madeleine (Col de la)	38	B3
Maël-Carhaix	13	C2
Magnac-Laval	34	A1
Magny-en-Vexin	7	C3
Maîche	31	C1
Maignelay-Montigny	7	D2
Maillezais	32	B1
Mailly-le-Camp	19	C1
Maintenon	17	C2
Maison-Neuve	19	C2
Maizières-lès-Metz	10	B3
Malaucène	45	D3
Malbuisson	30	B2
La Malène	44	A2
Malesherbes	17	D2
Malestroit	14	A3
Malicorne-sur-Sarthe	15	D3
Malo-les-Bains	3	C1
Le Malzieu-Ville	44	A1
Mamers	16	A2
Mandelieu-la-Napoule	55	C1
Manosque	46	A3

Le Mans	15	D3
Mansle	33	D2
Mantes-la-Jolie	17	C1
Manzat	35	D2
Marans	32	B1
Marchaux	30	B1
Marchenoir	16	B3
Marchiennes	3	D3
Marciac	49	D1
Marcigny	36	B3
Marcillac-Vallon	43	C2
Marcillat-en-Combraille	35	D1
Marcilly-le-Hayer	18	B2
Marckolsheim	21	D2
Marcoule	45	C3
Marennes	32	B2
Mareuil	33	D3
Mareuil-sur-Lay	25	C3
Marguerittes	45	C3
Marignane	53	D2
Marigny	5	C2
Marigny-le-Châtel	18	B2
Marines	7	D3
Maringues	36	A2
Le Markstein	21	C3
Marle	8	B2
Marmande	41	D2
Marmoutier	21	C1
Marnay	30	A1
Marolles-les-Braults	16	A2
Marquion	3	D3
Marquise	2	B2
Mars-la-Tour	10	A3
Marseillan	52	A2
Marseille	53	D3
Marseille-en-Beauvaisis	7	D2
Martel	42	B1
Marthon	33	D2
Martigné-Ferchaud	14	B3
Martigny-les-Bains	20	A3
Martigues	53	D2
Marvejols	44	A2
Mas-Cabardès	51	C1
Le Mas-d'Agenais	41	D2
Le Mas-d'Azil	50	B2
Masevaux	21	C3
Massat	50	B3
Le Massegros	44	A2
Masseube	50	A1
Massiac	36	A3
Les Matelles	52	B2
Matha	33	C2
Matignon	14	A1
Matour	37	C1
Maubeuge	9	C1
Maubourguet	49	D1
Maubuisson	32	B3
Mauguio	52	B2
Mauléon	25	C2
Mauléon-Licharre	48	B2
Maure (Col de)	46	B2
Maure-de-Bretagne	14	A3
Mauriac	35	C3
Mauron	14	A3
Maurs	43	C1
Mauvezin	50	A1
Mauzé-sur-le-Mignon	33	C1
Mayenne	15	C2
Mayet	16	A3
Le Mayet-de-Montagne	36	A1
Mazagran	9	C3
Mazamet	51	C1
Mazères	50	B2
Mazières-en-Gâtine	25	D3
Meaux	18	A1
Médous (Grotte de)	49	D2
Les Mées	46	A3
Megève	38	B2
Mehun-sur-Yèvre	27	B2
Meillant	27	B3
Le Mêle-sur-Sarthe	16	A2
Mélisey	20	B3
Melle	33	C1
Melun	17	D2
Menat	35	D1
Mende	44	A2
Menée (Col de)	45	D1
Ménez-Hom	12	B2
Ménigoute	25	D3
Mennetou-sur-Cher	27	C2
Mens	46	A1
Menthon-St-Bernard	38	A2
Menton	47	D3
Les Menuires	38	B3
Mer	27	C1
Mercœur	43	C1
Merdrignac	14	A2
Méréville	17	C2
Méribel	38	B3
Mérignac	40	B1
Le Merlerault	16	A1
Mers-les-Bains	7	C1
Méru	7	D3
Merville	3	C2
Merville-Franceville-Plage	5	D2
Méry-sur-Seine	18	B2
Meschers-sur-Gironde	32	B2
Meslay-du-Maine	15	C3
Messei	15	C1
Mesvres	29	C2
Metz	10	B3
Metzervisse	10	B3
Meulan	17	C1
Meung-sur-Loire	17	C3
Meursault	29	D2
Meximieux	37	D2
Meymac	35	C3
Meyrand (Col de)	44	B2
Meyrueis	44	A3
Meyzieu	37	C2
Mèze	52	A2
Mézel	46	A3
Mézenc (Mont)	44	B1
Mézidon	6	A3
Mézières-en-Brenne	26	B3
Mézières-sur-Issoire	34	A1
Mézin	41	D3
Midi de Bigorre (Pic du)	49	D2
Miélan	49	D1
Migennes	18	B3
Mijoux	38	A1
Millas	51	D3
Millau	43	D3
Milly-la-Forêt	17	D2
Mimizan	40	A2
Mimizan-Plage	40	A2
Mindin	23	C3
Mionnay	37	C2
Miramar	55	C1
Miramas	53	D2
Mirambeau	33	C3
Miramont-de-Guyenne	41	D2
Mirande	49	D1
Mirebeau	26	A3
Mirebeau-sur-Bèze	30	A1
Mirecourt	20	A2
Mirepoix	51	C2
Miribel	37	C2
Modane	38	B3
Moëlan-sur-Mer	13	C3
Moirans	37	D3
Moirans-en-Montagne	30	A3
Moisdon-la-Rivière	23	D2
Moissac	42	A3
Molène (Ile)	12	A2

Molières.............................. 42 B3
Molitg-les-Bains................. 51 D3
Molliens-Dreuil................... 7 D2
Molsheim 21 C1
Mon Idée 9 C2
Le Monastier-sur-Gazeille... 44 A2
Monbazillac........................ 41 D1
Monclar-de-Quercy............ 42 B3
Moncontour
  (Côtes-d'Armor)............. 13 D2
Moncontour (Vienne) 26 A2
Moncoutant........................ 25 D3
Mondoubleau...................... 16 B3
Mondragon 45 C2
Monein 49 C1
Monestier-de-Clermont.... 45 D1
Monestiés 43 C3
Le Monêtier-les-Bains 46 B1
Monflanquin 42 A2
Monistrol-d'Allier............... 44 A1
Monistrol-sur-Loire............ 36 B3
Monpazier 42 A1
Monségur 41 D1
Monsols.............................. 37 C1
Mont Blanc (Tunnel du)..... 38 B2
Mont-Cenis (Col du) 38 B2
Mont-de-Marsan 41 C3
Le Mont-Dore 35 D2
Mont-Louis 51 C3
Mont-sous-Vaudrey............ 30 A2
Le Mont-St-Michel............. 14 B1
Mont-St-Vincent................. 29 C3
Montagnac 52 A2
Montagrier 33 D3
Montaigu 25 C2
Montaigu-de-Quercy 42 A2
Montaigut 35 D1
Montalieu-Vercieu............. 37 D2
Montalivet-les-Bains.......... 32 B3
Montargis 17 D3
Montastruc-la-Conseillère... 50 B1
Montauban......................... 42 B3
Montauban-de-Bretagne.... 14 A2
Montbard............................ 29 C1
Montbazens........................ 43 C2
Montbazon 26 B1
Montbéliard........................ 31 C1
Montbenoît......................... 30 B2
Montbozon 30 B1
Montbrison 36 B2
Montbron 33 D2
Montceau-les-Mines........... 29 C3
Montcenis........................... 29 C3

Montchanin........................ 29 C3
Montcornet........................ 9 C2
Montcuq 42 A2
Montdidier 7 D2
Montebourg 5 C2
Montech 42 A3
Montélimar........................ 45 C2
Montendre.......................... 33 C3
Montereau-Fault-Yonne 18 A2
Montesquieu-Volvestre..... 50 B2
Montesquiou....................... 49 D1
Le Montet 35 D1
Montets (Col des) 38 B1
Montfaucon-d'Argonne 9 D3
Montfaucon-en-Velay........ 36 B3
Montfaucon-Montigné 25 C2
Montfort-en-Chalosse 48 B1
Montfort-l'Amaury............ 17 C1
Montfort-sur-Meu 14 A2
Montfort-sur-Risle 6 B3
Montgaillard....................... 50 B2
Montgenèvre....................... 46 B1
Montgiscard 50 B1
Montguyon 33 C3
Monthermé 9 D2
Monthois 9 D3
Monthureux-sur-Saône...... 20 A3
Montier-en-Der 19 C2
Montignac 42 A1
Montigny-le-Roi................. 19 D3
Montigny-sur-Aube 19 C3
Montivilliers 6 A2
Montjean-sur-Loire............ 25 C1
Montlhéry........................... 17 D1
Montlieu-la-Garde 33 C3
Montlouis-sur-Loire........... 26 B1
Montluçon 35 D1
Montluel 37 D2
Montmarault....................... 35 D1
Montmartin-sur-Mer......... 4 B3
Montmédy........................... 10 A2
Montmélian........................ 38 A2
Montmirail (Marne) 18 B1
Montmirail (Sarthe) 18 B1
Montmirey-le-Château....... 30 A2
Montmoreau-St-Cybard..... 33 D3
Montmorillon 26 B3
Montmort............................ 18 B1
Montoire-sur-le-Loir 16 A3
Montpellier......................... 52 B2
Montpellier-le-Vieux
  (Chaos de) 44 A3
Montpezat-de-Quercy......... 42 B2

Montpezat-sous-Bauzon 44 B1
Montpon-Ménestérol 41 D1
Montpont-en-Bresse.......... 30 A3
Montréal (Aude) 51 C3
Montréal (Gers) 41 D3
Montréal-la-Cluse 37 D1
Montredon-Labessonnié..... 51 C1
Montréjeau 50 A2
Montrésor 26 B2
Montret............................... 29 D3
Montreuil........................... 2 B3
Montreuil-Bellay 25 D2
Montrevault........................ 25 C1
Montrevel-en-Bresse.......... 37 D1
Montrichard 26 B1
Montrond-les-Bains............ 36 B2
Monts-sur-Guesnes 26 A2
Montsalvy........................... 43 C1
Montsauche-les-Settons..... 29 C2
Montsûrs............................ 15 C2
Morcenx 40 B3
Mordelles 14 A3
Morée 16 B3
Morestel 37 D2
Moret-sur-Loing 17 D2
Moreuil 7 D2
Morez.................................. 30 B3
Morgat................................ 12 A2
Morhange 20 B1
Morlaàs.............................. 49 C1
Morlaix 13 C1
Mormant............................. 18 A2
Mormoiron 45 D3
Mornant.............................. 37 C2
Morosaglia 55 D2
Mortagne-au-Perche.......... 16 A2
Mortagne-sur-Gironde 32 B3
Mortagne-sur-Sèvre 25 C2
Mortain 15 C1
Morteau 31 C2
Mortrée 15 D1
Morzine.............................. 38 B1
La Mothe-Achard 24 B3
La Mothe-St-Héray 33 C1
La Motte-Chalancon 45 D2
La Motte-du-Caire 46 A2
Mouchard 30 A2
Mougins 55 C1
Mouilleron-en-Pareds......... 25 C3
Moulins.............................. 28 B3
Moulins-Engilbert............. 28 B2
Moulins-la-Marche 16 A1

Moult 5 D3
Mourenx 49 C1
Mourmelon-le-Grand 9 C3
Moustiers-Ste-Marie 46 B3
Mouthe 30 B3
Mouthier-Haute-Pierre 30 B2
Mouthoumet 51 D2
Moûtiers 38 B2
Moutiers-les-Mauxfaits 24 B3
Mouy 7 D3
Mouzon 9 D2
Moyenneville 7 C1
Mugron 40 B3
Mulhouse 21 C3
Munster 21 C3
Mur-de-Barrez 43 D1
Mur-de-Bretagne 13 D2
Murat 35 D3
Murat-sur-Vèbre 51 D1
Murato 55 D2
La Mure 46 A1
Muret 50 B1
Muro 55 D2
Murol 35 D2
Murviel-lès-Béziers 52 A2
Mussidan 41 D1
Mussy-sur-Seine 19 C3
Le Muy 54 B1
Muzillac 22 B2

N

Nailloux 50 B1
Najac 43 C2
Nancy 20 A1
Nangis 18 A2
Nant 44 A3
Nanterre 17 D1
Nantes 23 D3
Nanteuil-le-Haudouin 8 A3
Nantiat 34 A1
Nantua 37 D1
La Napoule 55 C1
Narbonne 51 D2
Narbonne-Plage 52 A3
Nasbinals 43 D1
Naucelle 43 C3
Naussac (Barrage de) 44 B1
Navacelles (Cirque de) 52 A1
Navarrenx 48 B1
Nay 49 C2

Nègrepelisse 42 B3
Nemours 17 D2
Nérac 41 D3
Néris-les-Bains 35 D1
Néronde 36 B2
Nérondes 28 A2
Nesle 8 A2
Le Neubourg 6 B3
Neuf-Brisach 21 D3
Neufchâteau 20 A2
Neufchâtel-en-Bray 7 C2
Neufchâtel-sur-Aisne 9 C3
Neuillé-Pont-Pierre 26 A1
Neuilly-en-Thelle 7 D3
Neuilly-le-Réal 28 B3
Neuilly-l'Évêque 19 D3
Neuilly-St-Front 8 B3
Neung-sur-Beuvron 27 C1
La Neuve-Lyre 16 A1
Neuves-Maisons 20 A1
Neuvic (Corrèze) 35 C3
Neuvic (Dordogne) 33 D3
Neuville-aux-Bois 17 C3
Neuville-de-Poitou 26 A3
Neuville-sur-Saône 37 C2
Neuvy-le-Roi 26 A1
Neuvy-St-Sépulchre 27 C3
Neuvy-sur-Barangeon 27 D1
Névache 46 B1
Nevers 28 A2
Nexon 34 A2
Niaux (Grotte de) 50 B3
Nice 47 D3
Niederbronn-les-Bains 11 D3
Nieul 34 A2
Nîmes 44 B3
Niort 33 C1
Nitry 29 C1
Noailles 7 D3
Nœux-les-Mines 3 C3
Nogaro 41 C3
Nogent 19 D3
Nogent-le-Roi 17 C1
Nogent-le-Rotrou 16 A2
Nogent-sur-Seine 18 A2
Noirétable 36 A2
Noirmoutier-en-l'Île 24 A2
Nolay 29 D2
Nomeny 20 B1
Nomexy 20 B2
Nonancourt 16 B1
Nonant-le-Pin 16 A1

Nontron 34 A2
Nonza 55 D1
Norrent-Fontes 3 C2
Nort-sur-Erdre 23 D3
Notre-Dame-
   de-Bellecombe 38 B2
Nouan-le-Fuzelier 27 D1
Nouvion-en-Ponthieu 2 B3
Le Nouvion-
   en-Thiérache 8 B1
Nouzonville 9 D2
Noves 53 D1
Novion-Porcien 9 C2
Noyant 26 A1
Noyers 29 C1
Noyers-sur-Jabron 46 A3
Noyon 8 A2
Nozay 23 D3
Nuits-St-Georges 29 D2
Nyons 45 D2

O

Oberhaslach 21 C1
Obernai 21 C2
Objat 34 B3
Offranville 6 B2
Oisemont 7 C1
Olargues 51 D1
Oléron (Ile d') 32 A1
Oletta 55 D2
Olette 51 C3
Olivet 17 C3
Les Ollières-sur-Eyrieux 45 C1
Olliergues 36 A2
Ollioules 54 A2
Olmeto 55 D3
Olonzac 51 D2
Oloron-Ste-Marie 49 C2
Onesse-et-Laharie 40 B3
Onzain 26 B1
Oradour-sur-Glane 34 A2
Oradour-sur-Vayres 34 A2
Oraison 46 A3
Orange 45 C3
Orbec 16 A1
Orbey 21 C2
Orchies 3 D3
Orcières 46 B1
Orcival 35 D2
Orgelet 30 A3

Orgères-en-Beauce 17 C3
Orgnac (Aven d') 45 C2
Orgon 53 D1
Origny-Ste-Benoîte 8 B2
Orléans 17 C3
Orly 17 D1
Ornans 30 B2
Orpierre 46 A2
Orsay 17 D1
Orthez 48 B1
Ossun 49 D2
Ottmarsheim 21 D3
Oucques 16 B3
Ouistreham 5 D2
Oulchy-le-Château 8 B3
Ourville-en-Caux 6 B2
Oust 50 B3
Ouzouer-le-Marché 17 C3
Ouzouer-sur-Loire 17 D3
Oxocelhaya et Isturits
    (Grottes d') 48 B1
Oyonnax 37 D1

P

La Pacaudière 36 B1
Pacy-sur-Eure 16 D1
Padirac (Gouffre de) 42 B1
Pagny-sur-Moselle 20 A1
Paimbœuf 23 C3
Paimpol 13 D1
Paladru 37 D3
Le Palais 22 A3
Palaiseau 17 D1
Palavas-les-Flots 52 B2
Palinges 29 C3
La Pallice 32 B1
Palluau 24 B2
Pamiers 50 B2
Paramé 14 A1
Paray-le-Monial 29 C3
Parentis-en-Born 40 B2
Paris 17 D1
Parthenay 25 D3
Pas-en-Artois 3 C3
Passais 15 C2
Patay 17 C3
Pau 49 C2
Pauillac 32 B3
Paulhaguet 36 A3
Pavilly 6 B2

Payrac 42 B1
Le Péage-de-Roussillon 37 C3
Pech Merle (Grotte du)....... 42 B2
Peïra-Cava 47 C3
Pellegrue 41 D1
Le Pellerin 23 C3
Pélussin 37 C3
Pénestin 22 B3
Penhir (Pointe de) 12 A2
Penne-d'Agenais 42 A2
Percy 5 C3
Périers 5 C2
Périgueux 34 A3
Pernes-les-Fontaines 45 D3
Péronne 8 A1
Pérouges 37 D2
Perpignan 57 D2
Perreux 36 B1
Perros-Guirec 13 C1
Le Perthus 57 D3
Pertuis 54 A1
Pervenchères 16 A2
Pesmes 30 A1
Petit St-Bernard (Col du) ... 38 B2
La Petite-Pierre 21 C1
Petite-Rosselle 11 C3
Petreto-Bicchisano 55 D3
Peyrat-le-Château 34 A3
Peyrehorade 48 B1
Peyresourde (Col de) 49 D3
Peyriac-Minervois 51 D2
Peyrol (Pas de) 35 D3
Peyrolles-en-Provence 54 A1
Peyruis 46 A3
Pézenas 52 A2
Phalsbourg 21 C1
Piana 55 C2
Picquigny 7 D1
Piedicroce 55 D2
Piennes 10 A3
Pierre-Buffière 34 B2
Pierre-de-Bresse 30 A2
Pierrefitte-Nestalas 49 C2
Pierrefitte-sur-Aire 19 D1
Pierrefonds 8 A3
Pierrefontaine-les-Varans ... 31 C2
Pierrefort 43 D1
Pierrelatte 45 C2
Les Pieux 4 B2
Pilat (Mont) 37 C3
Pilat-Plage 40 B1
Piney 19 C2

Pino 55 D1
Pinols 44 A1
Pionsat 35 D1
Pipriac 14 A3
Piriac-sur-Mer 22 B3
Pissos 40 B2
Pithiviers 17 D3
Plabennec 12 B1
La Plagne 38 B2
Plaisance 49 D1
Les Planches-
    en-Montagne 30 B3
Plancoët 14 A2
Plateau-d'Assy 38 B1
Pleaux 35 C3
Pleine-Fougères 14 B2
Plélan-le-Grand 14 A3
Plélan-le-Petit 14 A2
Pléneuf-Val-André 13 D2
Plestin-les-Grèves 13 C1
Pleumartin 26 B3
Pleumeur-Bodou 13 C1
Pleyben 12 B2
Ploemeur 13 C3
Ploërmel 14 A3
Plœuc-sur-Lié 13 D2
Plombières-les-Bains 20 B3
Plonéour-Lanvern 12 B3
Plouagat 13 D2
Plouaret 13 C1
Plouay 13 C3
Ploubalay 14 A1
Ploudalmézeau 12 A1
Plouescat 12 B1
Plougasnou 13 C1
Plougastel-Daoulas 12 B2
Plougonven 13 C2
Plouguenast 13 D2
Plouha 13 D1
Plouigneau 13 C1
Ploumanach 13 C1
Plouzévédé 12 B1
Pluvigner 13 D3
Podensac 41 C1
Le Poiré-sur-Vie 24 B3
Poissons 19 D2
Poitiers 26 A3
Poix-de-Picardie 7 D2
Poix-Terron 9 D2
Poligny 30 A2
Poncin 37 D1
Pons 33 C2

Pont-à-Marcq 3 D3
Pont-à-Mousson 20 A1
Pont-Audemer 6 A3
Pont-Aven 13 C3
Pont-Croix 12 A3
Pont-d'Ain 37 D1
Le Pont-de-Beauvoisin 38 A2
Pont-de-Chéruy 37 D2
Le Pont-de-Claix 38 A3
Pont-de-Dore 36 A2
Pont-de-l'Arche 6 B3
Le Pont-de-Montvert 44 A2
Pont-de-Roide 31 C1
Pont-de-Salars 43 D2
Pont-de-Vaux 29 D3
Pont-de-Veyle 37 C1
Pont-d'Ouilly 5 D3
Pont-du-Château 36 A2
Pont du Gard 45 C3
Pont-en-Royans 37 D3
Pont-d'Espagne 49 C3
Pont-l'Abbé 12 B3
Pont-l'Évêque 6 A3
Pont-Scorff 13 C3
Pont-St-Esprit 45 C2
Pont-St-Vincent 20 A1
Pont-Ste-Maxence 8 A3
Pont-sur-Yonne 18 A2
Pontacq 49 C2
Pontailler-sur-Saône 30 A1
Pontarion 34 B1
Pontarlier 30 B2
Pontaubault 14 B1
Pontaumur 35 D2
Pontcharra 38 A3
Pontchartrain 17 C1
Pontchâteau 23 C3
Ponte-Leccia 55 D2
Le Pontet 45 C3
Pontfaverger-
  Moronvilliers 9 C3
Pontgibaud 35 D2
Pontigny 18 B3
Pontivy 13 D3
Pontlevoy 26 B1
Pontoise 7 D1
Pontorson 14 B1
Pontrieux 13 D1
Les Ponts-de-Cé 25 D1
Pontvallain 15 D3
Pornic 24 A2
Pornichet 24 A1

Porquerolles (Ile de) 54 B2
Port (Col de) 50 B2
Port-Barcarès 57 D2
Port-Cros (Ile de) 54 B2
Port-de-Bouc 53 D2
Port-en-Bessin 5 D2
Port-Joinville 24 A3
Port-la-Nouvelle 52 A3
Port-Leucate 57 D2
Port-Louis 13 C3
Port-Manech 13 C3
Port-Navalo 22 B2
Port-St-Louis-du-Rhône 53 C2
Port-Ste-Marie 41 D2
Port-sur-Saône 20 A3
Port-Vendres 57 D3
La Porta 55 D2
Portbail 4 B2
Portet d'Aspet (Col de) 50 A2
Porto 55 C2
Porto-Vecchio 55 D3
Potigny 5 D3
Pouancé 14 B3
Pougues-les-Eaux 28 A2
Pouilly-en-Auxois 29 D2
Pouilly-sous-Charlieu 36 B1
Pouilly-sur-Loire 28 A2
Le Pouldu 13 C3
Le Pouliguen 22 B3
Pouyastruc 49 D2
Pouzauges 25 C3
Le Pouzin 45 C1
Pra-Loup 46 B2
Pradelles 44 B1
Prades 51 D3
Prahecq 33 C1
Pralognan-la-Vanoise 38 B3
Prats-de-Mollo-la-Preste 57 C3
Prauthoy 30 A1
Pré-en-Pail 15 D2
Précy-sous-Thil 29 C1
Prémery 28 B2
La Preste 57 C3
Preuilly-sur-Claise 26 B2
La Primaube 43 D2
Primel-Trégastel 13 C1
Privas 45 C1
Propriano 55 D3
Provenchères-sur-Fave 21 C2
Provins 18 A2
Puget-Théniers 47 C3
Puiseaux 17 D2

Puisserguier 52 A2
Pujols 41 C1
Putanges-Pont-Écrepin 15 D1
Puttelange-aux-Lacs 11 C3
Le Puy-en-Velay 44 B1
Puy-Guillaume 36 A2
Puy-l'Évêque 42 A2
Puylaurens 51 C1
Puymirol 42 A3
Puymorens (Col de) 51 C3
Pyla-sur-Mer 40 B1

Q

Quarré-les-Tombes 29 C1
Les Quatre Chemins 25 C3
Quatre Vios (Col des) 45 C1
Quérigut 51 C3
Le Quesnoy 3 D3
Questembert 22 B2
Quettehou 5 C1
Quiberon 22 A3
Quillan 51 C3
Quillane (Col de) 56 B3
Quillebeuf-sur-Seine 6 A3
Quimper 12 B3
Quimperlé 13 C3
Quingey 30 B2
Quintin 13 D2
Quissac 44 B3

R

Rabastens 42 B3
Rabastens-de-Bigorre........ 49 D1
Rambervillers 20 B2
Rambouillet 17 C1
Rambucourt 20 A1
Randan 36 A1
Randanne 35 D2
Raon-l'Étape 20 B2
Raucourt-et-Flaba 9 D2
Rayol-Canadel-sur-Mer 54 B2
Raz (Pointe du) 12 A3
Ré (Ile de) 32 A1
Réalmont 51 C1
Rebais 18 A1
Recey-sur-Ource 19 D3
Redon 14 A3

Reichshoffen	21	D1
Reignier	38	A1
Reillanne	46	A3
Reims	9	C3
Rémalard	16	A2
Remiremont	20	B3
Remoulins	45	C3
Rémuzat	45	D2
Renazé	15	C3
Rennes	14	B2
Rennes-les-Bains	51	C2
Renwez	9	C2
La Réole	41	C2
Réquista	43	D3
Rethel	9	C1
Retiers	14	B3
Retournac	36	B3
Reuilly	27	D2
Revard (Mont)	38	A2
Revel	51	C1
Revigny-sur-Ornain	19	D1
Revin	9	D1
Rhinau	21	D2
Riaillé	23	D3
Rians	54	A1
Ribeauvillé	21	C2
Ribécourt	8	A2
Ribemont	8	B2
Ribérac	33	D3
Ribiers	46	A2
Les Riceys	19	C3
Richelieu	26	A2
Riec-sur-Belon	13	C3
Rieumes	50	A1
Rieupeyroux	43	C2
Rieux	50	B2
Riez	46	A3
Rignac	43	C2
Riom	35	D2
Riom-ès-Montagnes	35	D3
Rioz	30	B1
Riquewihr	21	C2
Riscle	49	C1
Rive-de-Gier	37	C2
Rives	37	D3
Rivesaltes	51	C3
La Rivière-Thibouville	6	B3
Roanne	36	B1
Rocamadour	42	B3
La Roche-Bernard	23	C3
La Roche-Canillac	35	C3
La Roche-Chalais	33	D3
La Roche-Derrien	13	C1
La Roche-Guyon	7	C3
La Roche-Posay	26	B3
La Roche-sur-Foron	38	A1
La Roche-sur-Yon	24	B3
Rochebonne (Château de)	45	C1
Rochechouart	34	A2
Rochefort-en-Terre	32	B1
Rochefort	14	A3
Rochefort-Montagne	35	D2
Rochefort-sur-Nenon	30	A2
La Rochefoucauld	33	D2
La Rochelle	32	B1
Rochemaure	45	C2
La Rochepot	29	D2
Rocheservière	24	B2
La Rochette	38	A3
Rocroi	9	C1
Rodez	43	D2
Rogliano	55	D1
Rohan	13	D3
Rohrbach-lès-Bitche	11	C3
Roisel	8	A1
Roissy-en-France	17	D1
Romans-sur-Isère	45	D1
Rombas	10	B3
Romilly-sur-Seine	18	B2
Romorantin-Lanthenay	27	C1
Ronce-les-Bains	32	B2
Ronchamp	20	B3
La Roque-Gageac	42	A1
Roquebillière	47	C3
Roquebrun	52	A2
Roquebrune-Cap-Martin	47	D3
La Roquebrussanne	54	A1
Roquecourbe	51	C1
Roquefort	41	C3
Roquefort-sur-Soulzon	43	D3
Roquemaure	45	C3
Roquesteron	47	C3
Roquevaire	54	A1
Rosans	45	D2
Roscoff	12	B1
Rosheim	21	C2
La Rosière-1850	38	B2
Rosières-en-Santerre	8	A2
Les Rosiers-sur-Loire	25	D1
Rosporden	12	B3
Rostrenen	13	C2
Rothéneuf	14	A1
Roubaix	3	D2
Rouen	6	B3
Rouffach	21	C3
Rougé	23	D2
Rougemont	30	B1
Rougemont-le-Château	21	C3
Rouillac	33	C2
Roujan	52	A2
Roulans	30	B1
Les Rousses	30	B3
Rousset (Col de)	45	D1
Royan	32	B2
Royat	35	D2
Roybon	37	D3
Roye	8	A2
Royère-de-Vassivière	35	C2
Rozay-en-Brie	18	A1
Le Rozier	44	A3
Rozoy-sur-Serre	9	C2
Rue	2	B3
Ruelle-sur-Touvre	33	D2
Ruffec	33	D1
Ruffieux	38	A2
Rugles	16	A1
Rumengol	12	B2
Rumigny	9	C2
Rumilly	38	A2
Ruoms	44	B2
Rupt-sur-Moselle	20	B3
Le Russey	31	C2
Ruynes-en-Margeride	44	A1

S

Saales	21	C2
Sablé-sur-Sarthe	15	D3
Les Sables-d'Olonne	24	B3
Sables-d'Or-les-Pins	14	A1
Sabres	40	B3
Saillagouse	56	B3
Saillans	45	D1
Sains-du-Nord	9	C1
Sains-Richaumont	8	B2
St-Affrique	43	D3
St-Agnant	32	B2
St-Agrève	45	C1
St-Aignan	27	C2
St-Aignan-sur-Roë	14	B3
St-Alban-sur-Limagnole	44	A1
St-Amand-en-Puisaye	28	A1
St-Amand-les-Eaux	3	D3
St-Amand-Longpré	26	B1

St-Amand-Montrond 27 D3
St-Amans 44 A1
St-Amans-des-Cots 43 D1
St-Amans-Soult 51 D1
St-Amant-Roche-Savine .. 36 A2
St-Amant-Tallende 35 D2
St-Amarin 21 C3
St-Ambroix 44 B2
St-Amé 20 B3
St-Amour 30 A3
St-André-de-Cubzac 41 C1
St-André-de-l'Eure 16 B1
St-André-de-Valborgne 44 A3
St-André-les-Alpes 46 A3
St-Anthème 36 B3
St-Antonin-Noble-Val 42 B3
St-Arnoult-en-Yvelines 17 C2
St-Astier 33 D3
St-Auban 46 B3
St-Aubin-d'Aubigné 14 B2
St-Aubin-du-Cormier 14 B2
St-Aubin-sur-Mer 5 D2
St-Aulaye 33 D3
St-Avold 11 C3
St-Aygulf 55 C1
St-Béat 50 A2
St-Beauzély 43 D3
St-Benin-d'Azy 28 B2
St-Benoît-du-Sault 27 C3
St-Benoît-sur-Loire 17 C3
St-Bertrand-
de-Comminges 49 D2
St-Blin 19 D2
St-Bonnet-de-Joux 29 C3
St-Bonnet-en-Champsaur .. 46 A1
St-Bonnet-le-Château 36 B3
St-Brevin-les-Pins 23 C3
St-Briac-sur-Mer 14 A1
St-Brice-en-Coglès 14 B2
St-Brieuc 13 D2
St-Calais 16 A3
St-Cast-le-Guildo 14 A1
St-Céré 43 C1
St-Cernin 43 C1
St-Chamas 53 D2
St-Chamond 37 C3
St-Chély-d'Apcher 44 A1
St-Chély-d'Aubrac 43 D2
St-Chinian 51 D1
St-Ciers-sur-Gironde 33 C3
St-Cirq-Lapopie 42 B2
St-Clair-sur-l'Elle 5 C2

St-Clar 42 A3
St-Claud 33 D2
St-Claude 30 B3
St-Cyprien 42 A1
St-Cyprien-Plage 57 D3
St-Denis 17 D1
St-Denis-d'Oléron 32 A1
St-Denis-d'Orques 15 D3
St-Didier-en-Velay 36 B3
St-Dié-des-Vosges 21 C2
St-Dier-d'Auvergne 36 A2
St-Dizier 19 D1
St-Donat-sur-l'Herbasse .. 37 C3
St-Éloy-les-Mines 35 D1
St-Émilion 41 C1
St-Étienne 36 B3
St-Étienne-Cantalès
(Barrage de) 43 C1
St-Étienne-de-Baïgorry 48 A2
St-Étienne-de-Lugdarès 44 B1
St-Étienne-de-Montluc 23 C3
St-Étienne-de-St-Geoirs 37 D3
St-Étienne-de-Tinée 47 C2
St-Étienne-en-Dévoluy 46 A1
St-Étienne-les-Orgues 46 A3
St-Fargeau 28 A1
St-Félicien 37 C3
St-Firmin 46 A1
St-Florent 55 D2
St-Florent-le-Vieil 25 C1
St-Florent-sur-Cher 27 D2
St-Florentin 18 B3
St-Flour 43 D1
St-François-Longchamp .. 38 B3
St-Fulgent 25 C2
St-Galmier 36 B2
St-Gaudens 50 A2
St-Gaultier 27 C3
St-Genest-Malifaux 37 C3
St-Gengoux-le-National .. 29 D3
St-Geniez-d'Olt 43 D2
St-Genis-de-Saintonge .. 33 C3
St-Genis-Laval 37 C2
St-Genix-sur-Guiers 37 D2
St-Geoire-en-Valdaine 37 D3
St-Georges-de-Didonne .. 32 B2
St-Georges-en-Couzan .. 36 B2
St-Georges-sur-Loire 25 C1
St-Germain-de-Calberte .. 44 B2
St-Germain-des-Fossés .. 36 A1
St-Germain-du-Bois 30 A3
St-Germain-du-Plain 29 D3

St-Germain-du-Teil 44 A2
St-Germain-en-Laye 17 C1
St-Germain-Laval 36 B2
St-Germain-Lembron 36 A3
St-Germain-les-Belles 34 B2
St-Germain-l'Herm 36 A3
St-Gervais-d'Auvergne 35 D1
St-Gervais-les-Bains 38 B2
St-Gervais-
les-Trois-Clochers .. 26 A2
St-Gervais-sur-Mare 52 A2
St-Géry 42 B2
St-Gildas (Pointe de) 24 A2
St-Gildas-de-Rhuys 22 B3
St-Gildas-des-Bois 23 C3
St-Gilles 53 C2
St-Gilles-Croix-de-Vie 24 B3
St-Gingolph 31 C3
St-Girons 50 A2
St-Girons-Plage 40 A3
St-Gobain 8 B2
St-Guénolé 12 B3
St-Guilhem-le-Désert 52 A2
St-Haon-le-Châtel 36 B1
St-Herblain 23 D3
St-Hilaire 51 C2
Saint-Hilaire-de-Riez 24 B3
St-Hilaire-de-Villefranche 33 C2
St-Hilaire-des-Loges 25 C3
St-Hilaire-du-Harcouët .. 15 C1
St-Hippolyte 31 C1
St-Hippolyte-du-Fort 44 B3
St-Honoré-les-Bains 28 B2
St-Jacques-de-la-Lande .. 14 B3
St-Jacut-de-la-Mer 14 A1
St-James 14 B2
St-Jean-Brévelay 13 D3
St-Jean-Cap-Ferrat 55 D1
St-Jean-d'Angély 33 C2
St-Jean-de-Bournay 37 D3
St-Jean-de-Daye 5 C2
St-Jean-de-Losne 30 A2
St-Jean-de-Luz 48 A1
St-Jean-de-Maurienne 38 B3
St-Jean-de-Monts 24 A2
St-Jean-du-Bruel 44 A3
St-Jean-du-Gard 44 B3
St-Jean-en-Royans 45 D1
St-Jean-Pied-de-Port 48 B2
St-Jeoire 38 B1
St-Jouin-de-Marnes 25 D2
St-Juéry 43 C3

St-Julien............................ 30 A3
St-Julien-Chapteuil.............. 44 B1
St-Julien-de-Vouvantes....... 23 D2
St-Julien-du-Sault................ 18 A3
St-Julien-en-Genevois......... 38 A1
St-Julien-l'Ars.................... 26 A3
St-Junien........................... 34 A2
St-Just-en-Chaussée............ 7 D2
St-Just-en-Chevalet............ 36 B2
St-Just-St-Rambert.............. 36 B3
St-Justin............................ 41 C3
St-Lary-Soulan.................... 49 D3
St-Laurent-
de-Chamousset................ 37 C2
St-Laurent-
de-la-Salanque................. 57 D2
St-Laurent-du-Pont............. 38 A3
St-Laurent-en-Grandvaux ... 30 B3
St-Laurent-les-Bains............ 44 B2
St-Laurent-Médoc............... 32 B3
St-Laurent-sur-Gorre........... 34 A2
St-Laurent-sur-Mer.............. 5 C2
St-Laurent-sur-Sèvre........... 25 C2
St-Léger-du-Bois................. 29 C3
St-Léonard-de-Noblat.......... 34 B2
St-Lô................................. 5 C2
St-Louis............................. 31 D1
St-Loup-Lamairé................. 25 D3
St-Loup-sur-Semouse.......... 25 D3
St-Lunaire......................... 14 A1
St-Lys............................... 50 B1
St-Macaire......................... 41 C2
St-Maixent-l'École............... 25 D3
St-Malo............................. 14 A1
St-Malo-de-la-Lande............ 4 B3
St-Mamet-la-Salvetat.......... 43 C1
St-Mandrier-sur-Mer 54 A2
St-Marcellin....................... 37 D3
St-Mars-la-Jaille................. 23 D3
St-Martin-d'Auxigny............ 27 D2
St-Martin-de-Belleville........ 38 B3
St-Martin-de-Crau.............. 53 C2
St-Martin-de-Londres.......... 52 B1
St-Martin-de-Ré................. 32 A1
St-Martin-de-Seignanx........ 48 A1
St-Martin-de-Valamas......... 44 B1
St-Martin-du-Canigou
(Abbaye de) 57 C3
St-Martin-en-Bresse .... 29 D3·
St-Martin-Vésubie.............. 47 C3
St-Martory........................ 50 A2
St-Mathieu........................ 34 A2

St-Mathieu (Pointe de)...... 12 A2
St-Maximin-la-Ste-Baume .. 54 A1
St-Médard-en-Jalles........... 40 B1
St-Méen-le-Grand............... 14 A2
St-Michel............................ 9 C1
St-Michel-de-Maurienne...... 38 B3
St-Michel-en-Grève............ 13 C1
St-Michel-en-l'Herm............ 32 B1
St-Michel-Mont-Mercure..... 25 C2
St-Mihiel.......................... 20 A1
St-Nazaire......................... 24 A1
St-Nectaire....................... 35 D2
St-Nicolas-d'Aliermont........ 7 C2
St-Nicolas-de-la-Grave....... 42 A3
St-Nicolas-de-Port.............. 20 B1
St-Nicolas-du-Pélem............ 13 C2
St-Omer.............................. 2 B2
St-Pair-sur-Mer.................... 4 B3
St-Palais........................... 48 B1
St-Palais-sur-Mer............... 32 B2
St-Pardoux-la-Rivière......... 34 A3
St-Paul.............................. 47 C3
St-Paul-Cap-de-Joux........... 51 C1
St-Paul-de-Fenouillet.......... 51 D1
St-Paul-sur-Ubaye.............. 46 B2
St-Paul-Trois-Châteaux....... 45 C2
St-Paulien......................... 36 B3
St-Pé-de-Bigorre................ 49 C2
St-Pée-sur-Nivelle............... 48 A1
St-Péray........................... 45 C1
St-Père-en-Retz.................. 23 C3
St-Philbert-de-Grand-Lieu... 24 B2
St-Pierre-d'Albigny............. 38 A2
St-Pierre-de-Chartreuse...... 38 A3
St-Pierre-de-Chignac........... 34 A3
St-Pierre-d'Oléron.............. 32 B1
St-Pierre-Église.................... 5 C1
St-Pierre-le-Moûtier............ 28 A3
St-Pierre-Quiberon.............. 22 A3
St-Pierre-sur-Dives............. 15 D1
St-Pois................................ 5 C3
St-Pol-de-Léon.................. 12 B1
St-Pol-sur-Ternoise.............. 2 B3
St-Pons-de-Thomières......... 51 D1
St-Porchaire...................... 32 B2
St-Pourçain-sur-Sioule........ 36 A1
St-Privat........................... 35 C3
St-Quay-Portrieux.............. 13 D1
St-Quentin.......................... 8 B2
St-Rambert-d'Albon............ 37 C3
St-Rambert-en-Bugey.......... 37 D1
St-Raphaël......................... 55 C1

St-Rémy-de-Provence......... 53 C1
St-Rémy-sur-Durolle........... 36 A2
St-Renan.......................... 12 A2
St-Riquier........................... 2 B3
St-Romain-de-Colbosc......... 6 A2
St-Rome-de-Tarn............... 43 D3
St-Saëns............................. 7 C2
St-Satur............................ 28 A1
St-Saulge.......................... 28 B2
St-Sauveur-en-Puisaye....... 28 A1
St-Sauveur-le-Vicomte......... 4 B2
St-Sauveur-Lendelin............. 5 C2
St-Sauveur-sur-Tinée......... 47 C3
St-Savin (Gironde)............. 33 C3
St-Savin (Vienne)............... 26 B3
St-Savinien....................... 32 B2
St-Seine-l'Abbaye.............. 29 D1
St-Sernin-sur-Rance........... 43 D3
St-Servan-sur-Mer............. 14 A1
St-Sever............................ 40 B3
St-Sever-Calvados.............. 5 C3
St-Sulpice-les-Feuilles........ 34 B1
St-Symphorien................... 41 C2
St-Symphorien-de-Lay........ 36 B2
St-Symphorien-d'Ozon....... 37 C2
St-Symphorien-sur-Coise 37 C2
St-Thégonnec.................... 12 B2
St-Trivier-de-Courtes.......... 29 D3
St-Trivier-sur-Moignans...... 37 C1
St-Trojan-les-Bains............ 32 B2
St-Tropez.......................... 54 B1
St-Vaast-la-Hougue 5 C1
St-Valery-en-Caux............... 6 B2
St-Valery-sur-Somme........... 2 A3
St-Vallier.......................... 37 C3
St-Vallier-de-Thiey............. 55 C1
St-Varent.......................... 25 D2
St-Vaury........................... 34 B1
St-Véran........................... 46 B1
St-Vincent-de-Tyrosse........ 48 A1
St-Vivien-de-Médoc........... 32 B3
St-Wandrille-Rançon........... 6 B2
St-Yorre............................ 36 A1
St-Yrieix-la-Perche............. 34 A3
Ste-Adresse........................ 6 A2
Ste-Anne-d'Auray.............. 13 D3
La Ste-Baume.................... 54 A1
Ste-Croix-du-Mont............. 41 C2
Ste-Croix-Volvestre............ 50 A2
Ste-Enimie........................ 44 A2
Ste-Foy-la-Grande............. 41 D1
Ste-Foy-l'Argentière........... 37 C2

Ste-Geneviève-sur-Argence	43	D1
Ste-Hélène	40	B1
Ste-Hermine	25	C3
Ste-Livrade-sur-Lot	41	D2
Ste-Lucie-de-Tallano	55	D3
Ste-Marie-aux-Mines	21	C2
Ste-Marie-Sicché	55	D3
Ste-Maure-de-Touraine	26	A2
Ste-Maxime	54	B1
Ste-Menéhould	9	D3
Ste-Mère-Église	5	C2
Ste-Odile (Mont)	21	C2
Ste-Sévère-sur-Indre	27	D3
Ste-Suzanne	15	D3
Ste-Tulle	46	A3
Saintes	33	C2
Stes-Maries-de-la-Mer	53	C2
Saissac	51	C1
Salbris	27	D1
Salernes	54	B1
Salers	35	C3
Salies-de-Béarn	48	B1
Salies-du-Salat	50	A2
Salignac-Eyvigues	42	B1
Salindres	44	B3
Salins-les-Bains	30	B2
Sallanches	38	B1
Salles-Curan	43	D3
Salles-d'Aude	52	B2
Salon-de-Provence	53	D2
Salses-le-Château	51	D3
Salvagnac	42	B3
La Salvetat-Peyralès	43	C3
La Salvetat-sur-Agout	51	D1
Salviac	42	A1
Samatan	50	A1
Samer	2	B2
Samoëns	38	B1
Sanary-sur-Mer	54	A2
Sancergues	28	A2
Sancerre	28	A1
Sancoins	28	A3
Sancy (Puy de)	35	D3
Sanguinaires (Iles)	55	C3
Sanguinet	40	B1
Santo-Pietro-di-Tenda	55	D2
Saorge	47	D3
Saramon	50	A1
Sari-d'Orcino	55	D2
Sarlat-la-Canéda	42	A1
Sarralbe	11	C3
Sarrans (Barrage de)	43	D1
Sarre-Union	21	C1
Sarrebourg	21	C1
Sarreguemines	11	C3
Sars-Poteries	9	C1
Sartène	55	D3
Sartilly	5	C3
Sarzeau	22	B3
Sassenage	37	D3
Satillieu	37	C3
Satolas-et-Bonce	37	D2
Saugues	44	A1
Saujon	32	B2
Saulieu	29	C1
Sault	45	D3
Saulx	20	B3
Saulxures-sur-Moselotte	20	B3
Saumur	25	D2
Sautet (Barrage du)	46	A1
Sauve	44	B3
Sauveterre-de-Béarn	48	B1
Sauveterre-de-Guyenne	41	C1
Sauveterre-de-Rouergue	43	C2
Sauxillanges	36	A2
Le Sauze	46	B2
Sauzé-Vaussais	33	D1
Sauzon	22	A3
Savenay	23	C3
Saverdun	50	B2
Saverne	21	C1
Savignac-les-Églises	34	A3
Savigny-sur-Braye	16	A3
Savine (Col de la)	30	B2
Savines-le-Lac	46	B2
Scaër	13	C3
Scey-sur-Saône-et-St-Albin	30	B1
Schirmeck	21	C2
Schlucht (Col de la)	21	C3
Seclin	3	C2
Secondigny	25	D3
Sedan	9	D2
Séderon	45	D2
Seebach	21	D1
Sées	16	A1
Segonzac	33	C2
Segré	25	C1
Seiches-sur-le-Loir	25	D1
Seignelay	18	B3
Seilhac	34	B3
Sein (Ile de)	12	A2
Seissan	50	A1
Sélestat	21	C2
Selles-sur-Cher	27	C2
Sellières	30	A2
Selommes	16	B3
Selongey	29	D1
Seltz	21	D1
Semur-en-Auxois	29	C1
Semur-en-Brionnais	36	B1
Sénas	53	D2
Senez	46	B3
Senlis	8	A3
Sennecey-le-Grand	29	D3
Senonches	16	B2
Senones	21	C2
Sens	18	A2
Sépeaux	18	A3
Sermaize-les-Bains	19	D1
Serre-Ponçon (Barrage et Lac de)	46	B2
Serres	46	A2
Serrières	37	C3
Servian	52	A2
Sète	52	B2
Les Settons	29	C2
Seurre	29	D2
Sévérac-le-Château	43	D2
Sévrier	38	A2
Seyches	41	D2
Seyne	46	B2
La Seyne-sur-Mer	54	A2
Seyssel	38	A1
Sézanne	18	B1
Sierck-les-Bains	10	B2
Sierentz	21	C3
Sigean	51	D2
Signy-l'Abbaye	9	C2
Sillé-le-Guillaume	15	D2
Sissonne	8	B2
Sisteron	46	A2
Six-Fours-les-Plages	54	A2
Sizun	12	B2
Soccia	55	D3
Sochaux	31	C1
Soissons	8	B3
Solenzara	55	D3
Solesmes (Nord)	3	C1
Solesmes (Sarthe)	15	D3
Solignac	34	B2
Solignac-sur-Loire	44	B1
Solliès-Pont	54	B2
Solre-le-Château	9	C1
Sombernon	29	D1

Sommesous	19	C1
Sommières	44	B3
Somport (Col du)	49	C3
Songeons	7	C2
Sore	41	C2
Sorgues	45	C3
Sospel	47	D3
Souesmes	27	D1
Soufflenheim	21	D1
Souillac	42	B1
Souilly	9	D3
Soulac-sur-Mer	32	B2
Soulaines-Dhuys	19	C2
Soultz-Haut-Rhin	21	C3
Soultz-sous-Forêts	11	D3
Souppes-sur-Loing	17	D2
Sourdeval	5	C3
Sournia	51	D3
Sousceyrac	43	C1
Soustons	40	A3
La Souterraine	34	B1
Souvigny	28	A3
Spincourt	10	A3
Steenvoorde	3	C2
Stenay	9	D2
Strasbourg	21	D1
Suippes	9	C3
Sully-sur-Loire	17	D3
Super-Besse	35	D3
Surgères	32	B1
Survilliers	7	D3
La Suze-sur-Sarthe	15	D3

T

Tain-l'Hermitage	37	C3
Tallard	46	A2
Talloires	38	A2
Talmont-St-Hilaire	24	B3
Tancarville (Pont de)	6	A3
Taninges	38	B1
Tanlay	18	B3
Tarare	37	C2
Tarascon	53	C1
Tarascon-sur-Ariège	50	A3
Tarbes	49	D2
Tardets-Sorholus	48	B2
Targon	41	C1
Tarnos	48	A1
Tartas	40	B3
Tassin-la-Demi-Lune	37	C2

Taulé	12	B1
Tauves	35	D2
Tavaux	30	A2
Tavernes	54	A1
Le Teil	45	C2
Le Teilleul	15	C2
Tence	36	B3
Tende	47	D3
Tende (Col de)	47	D2
Tergnier	8	B2
Terrasson-Lavilledieu	34	B3
Terrenoire	37	C3
Tessy-sur-Vire	5	C3
La Teste-de-Buch	40	B1
Thann	21	C3
Thaon-les-Vosges	20	B2
Le Theil	16	A2
Thénezay	25	D3
Thenon	34	A3
Théoule-sur-Mer	55	C1
Thérouanne	2	B2
Thèze	49	C1
Thiaucourt-Regniéville	20	A1
Thiberville	6	A3
Thiéblemont-Farémont	19	C1
Thiers	36	A2
Le Thillot	20	B3
Thionville	10	B3
Thiviers	34	A3
Thizy	36	B1
Thoissey	37	C1
Thollon-les-Mémises	31	C3
Thônes	38	A2
Thonon-les-Bains	31	C3
Thorens-Glières	38	A1
Thouarcé	25	D1
Thouars	25	D2
Thueyts	44	B1
Thuir	51	D3
Thury-Harcourt	5	D3
Tiercé	25	D1
Tignes	38	B2
Tignes (Barrage de)	38	B2
Tillières-sur-Avre	16	B1
Tilly-sur-Seulles	5	D2
Tinchebray	15	C1
Tinténiac	14	A2
Tombebœuf	41	D2
Tonnay-Boutonne	32	B1
Tonnay-Charente	32	B1
Tonneins	41	D2
Tonnerre	18	B3

Torcy	17	D1
Torigni-sur-Vire	5	C3
Tôtes	6	B2
Toucy	18	A3
Toul	20	A1
Toulon	54	A2
Toulon-sur-Arroux	29	C3
Toulouse	50	B1
Le Touquet-Paris-Plage	2	A3
La Tour-d'Auvergne	35	D3
La Tour-du-Pin	37	D2
La Tour-Fondue	54	B2
Tourcoing	3	D2
Tourmalet (Col du)	49	C3
Tournan-en-Brie	17	D1
Tournay	49	D2
Tournoël (Château de)	35	D2
Tournon-d'Agenais	42	A2
Tournon-St-Martin	26	B3
Tournon-sur-Rhône	45	C1
Tournus	29	D3
Tourouvre	16	A2
Tours	26	B1
Toury	17	C2
La Toussuire	38	A3
Toutes Aures (Col de)	46	B3
Le Touvet	38	A3
La Tranche-sur-Mer	32	A1
Le Trayas	55	C1
Trébeurden	13	C1
Tréboul	12	B2
Treffort	37	D1
Trégastel	13	C1
Tréguier	13	C1
Treignac	34	B3
Trélon	9	C1
La Tremblade	32	B2
Le Tréport	7	C1
Trets	54	A1
Trèves	44	A3
Trévières	5	C2
Trévoux	37	C2
Triaucourt-en-Argonne	19	D1
Trie-sur-Baïse	49	D2
La Trimouille	26	B3
La Trinité-Porhoët	13	D3
La Trinité-sur-Mer	22	B2
Troarn	5	D2
Les Trois-Épis	21	C2
Les Trois-Moutiers	26	A2
Troo	16	A3
Trouville-sur-Mer	6	B2

Troyes.............................. 18 B2
Truchtersheim.................... 21 D1
Trun................................. 15 D1
Tuchan.............................. 51 D3
Tuffé................................ 16 A3
Tulle................................ 34 B3
Tullins.............................. 37 D3
La Turballe........................ 22 B3
La Turbie........................... 47 C3
Turckheim......................... 21 C2
Turriers............................. 46 A2

U

Uckange............................ 10 B3
Ugine................................ 38 B2
Urdos................................ 49 C2
Urepel............................... 48 A2
Uriage-les-Bains................. 38 A3
Ury................................... 17 D2
Ussat................................ 50 B3
Ussé................................. 26 A2
Ussel................................ 35 C2
Ustaritz............................. 48 A1
Utelle................................ 47 C3
Uzel.................................. 13 D2
Uzerche............................. 34 B3
Uzès.................................. 45 C3

V

Vabre................................ 51 D1
Vaiges............................... 15 D3
Vailly-sur-Aisne................. 8 B3
Vailly-sur-Sauldre.............. 28 A1
Vaison-la-Romaine............. 45 D2
Le Val-André...................... 13 D2
Le Val-d'Ajol..................... 20 B3
Val-de-Reuil...................... 6 B3
Val-d'Isère........................ 39 C2
Val-Thorens....................... 38 B3
Valberg............................. 47 C3
Valbonnais......................... 46 A1
Valdahon........................... 30 B2
Valderiès........................... 43 C3
Valençay............................ 27 C2
Valence............................. 45 C1
Valence-d'Agen.................. 42 A3
Valence-d'Albigeois........... 43 C3

Valence-sur-Baïse............. 41 D3
Valenciennes..................... 3 D3
Valensole.......................... 46 A3
Valentigney....................... 31 C1
Valgorge............................ 44 B2
Valleraugue........................ 44 A3
Vallet............................... 23 D3
Valloire............................. 38 B3
Vallon-en-Sully.................. 28 A3
Vallon-Pont-d'Arc.............. 45 C2
Vallorcine.......................... 38 B1
Vallouise........................... 46 B1
Valmont............................ 6 A2
Valmorel............................ 38 B3
Valognes............................ 5 C2
Valras-Plage...................... 52 A3
Valréas.............................. 45 C2
Vals-les-Bains.................... 44 B1
Vannes.............................. 22 B2
Les Vans............................ 44 B2
Vaour................................ 42 B3
Varades............................. 25 C1
Varengeville-sur-Mer.......... 6 B2
Varennes-en-Argonne.......... 9 D3
Varennes-sur-Allier............ 36 A1
Varennes-sur-Amance......... 20 A3
Varilhes............................ 50 B2
Vars.................................. 46 B1
Vars (Col de)..................... 46 B2
Varzy................................ 28 B1
Vassieux-en-Vercors........... 45 D1
Vassy................................ 5 D3
Vatan................................ 27 C2
Vaucouleurs....................... 20 A1
Vauvert............................. 53 C2
Vauvillers.......................... 20 A3
Vaux-le-Vicomte
   (Château de)................... 17 D2
Vayrac.............................. 42 B1
Vélines.............................. 41 D1
Venaco.............................. 55 D2
Venarey-les-Laumes............ 29 C1
Vence............................... 47 C3
Vendeuvre-sur-Barse........... 19 C2
Vendôme............................ 16 B3
Ventadour (Ruines de)........ 35 C3
Ventoux (Mont).................. 45 D3
Verberie............................ 8 A3
Vercel-Villedieu-le-Camp.... 30 B2
Verde (Col de)................... 55 D3
Verdon
   (Grand Canyon du)........... 46 B3

Le Verdon-sur-Mer............. 32 B2
Verdun.............................. 10 A3
Verdun-sur-Garonne........... 42 A3
Verdun-sur-le-Doubs.......... 29 D2
Vergio (Col de).................. 55 D2
Vergt............................... 42 A1
Vermand........................... 8 A2
Vermenton......................... 28 B1
Vernet-les-Bains................ 51 D3
Verneuil-sur-Avre.............. 16 B1
Vernon.............................. 7 C3
Vernoux-en-Vivarais........... 45 C1
Verny............................... 10 B3
La Verpillière..................... 37 D2
Versailles.......................... 17 C1
Verteillac......................... 33 D3
Vertus.............................. 18 B1
Vervins.............................. 8 B2
Verzy............................... 9 C3
Vescovato.......................... 55 D2
Vesoul.............................. 30 B1
Veules-les-Roses................ 6 B2
Veulettes-sur-Mer.............. 6 B2
Veynes.............................. 46 A2
Veyre-Monton.................... 36 A2
Veyrier-du-Lac................... 38 A2
Vézelay............................. 28 B1
Vézelise............................ 20 A2
Vézénobres........................ 44 B3
Vézins-de-Lévézou............. 43 D2
Vezzani............................. 55 D2
Vias.................................. 52 A3
Vibraye............................. 16 A3
Vic-en-Bigorre................... 49 D1
Vic-Fezensac..................... 49 D1
Vic-le-Comte..................... 36 A2
Vic-sur-Aisne..................... 8 A3
Vic-sur-Cère...................... 43 D1
Vicdessos.......................... 50 B3
Vichy............................... 36 A1
Vico................................. 55 D2
Vidauban........................... 54 B1
Vielle-Aure........................ 49 D3
Vielmur-sur-Agout.............. 51 C1
Vienne.............................. 37 C2
Vierzon............................. 27 D2
Vieux-Boucau-les-Bains...... 40 A3
Vif................................... 46 A1
Le Vigan........................... 44 A3
Vigeois.............................. 34 B3
Les Vignes......................... 44 A2
Vigneulles-
   lès-Hattonchâtel............. 20 A1

Vignory 19 D2
Vihiers 25 D2
Villaines-la-Juhel 15 D2
Villandraut 41 C2
Villandry 26 A1
Villard-de-Lans 37 D3
Villars-les-Dombes 37 C1
Villé 21 C2
Ville-en-Tardenois 8 B3
Ville-sur-Tourbe 9 D3
Villebois-Lavalette 33 D3
La Villedieu-du-Clain 26 A3
Villedieu-les-Poêles 5 C3
Villefagnan 33 D1
Villefort 44 B2
Villefranche-d'Albigeois .. 43 C3
Villefranche-
  de-Lauragais 50 B1
Villefranche-de-Lonchat .. 41 D1
Villefranche-
  de-Rouergue 43 C2
Villefranche-du-Périgord .. 42 A2
Villefranche-sur-Cher 27 C2
Villefranche-sur-Mer 55 D1
Villefranche-sur-Saône ... 37 C1
Villemur-sur-Tarn 42 B3
Villenauxe-la-Grande 18 B2
Villeneuve 43 C2
Villeneuve-d'Ascq 3 C2
Villeneuve-de-Berg 45 C2
Villeneuve-de-Marsan 41 C3
Villeneuve-l'Archevêque .. 18 B2
Villeneuve-lès-Avignon ... 45 C3
Villeneuve-sur-Lot 42 A2
Villeneuve-sur-Yonne 18 A3
Villeréal 42 A2
Villers-Bocage (Calvados) . 5 D3
Villers-Bocage (Somme) ... 7 D1
Villers-Bretonneux 7 D2
Villers-Cotterêts 8 A3
Villers-Farlay 30 A2

Villers-le-Lac 31 C2
Villers-sur-Mer 6 A3
Villersexel 30 B1
Villerupt 10 A2
Villerville 6 A3
Villiers-St-Georges 18 A1
Vimoutiers 16 A1
Vinay 37 D3
Vinça 51 D3
Vire 5 C3
Vireux-Wallerand 9 D1
Virieu 37 D3
Virieu-le-Grand 37 D2
Vitré 14 B2
Vitrey-sur-Mance 20 A3
Vitry-en-Artois 3 C3
Vitry-le-François 19 C1
Vitteaux 29 D1
Vittel 20 A2
Viverols 36 B3
Le Vivier-sur-Mer 14 B1
Viviers 45 C2
Vivonne 26 A3
Vizille 38 A3
Vizzavona 55 D2
Void 20 A1
Voiron 37 D3
Voiteur 30 A3
Volmunster 11 D3
Volonne 46 A3
Volvic 35 D2
Volx 46 A3
Vonnas 37 C1
Voreppe 38 A3
Vorey 36 B3
Vouillé 26 A3
La Voulte-sur-Rhône 45 C1
Vouvant 25 C3
Vouvray 26 B1
Vouziers 9 D3
Voves 17 C2

W

Wangenbourg 21 C1
La Wantzenau 21 D1
Wasselonne 21 C1
Wassigny 8 B1
Wassy 19 D2
Wimereux 2 A2
Wintzenheim 21 C3
Wissant 2 B2
Wissembourg 11 D3
Wœrth 11 D3
Woippy 10 B3
Wormhout 3 C2

X

Xertigny 20 B3

Y

Yenne 38 A2
Yerville 6 B2
Yeu 24 A3
Yport 6 A2
Yssingeaux 36 B3
Yvetot 6 B2
Yvoire 30 B3
Yzeure 28 B3

Z

Zicavo 55 D3
Zonza 55 D3